...braham séjourna là avec son père
avant d'aller en Canaan

*Lamgi Mari
roi de Mari*

NINIVE

KALAH

ASSUR

Tigre

Euphrate

MARI

*Site traditionnel
du
Jardin d'Eden*

EMPIRE

RIEN

ESHNUNNA

SIPPAR

...IPIRE PERSE
(500 AV. J.-C.)

700 AV J.-C.

BABYLONE

KISH

NIPPUR

SHURUPPAK

*Région probable
du
Déluge biblique*

BABYLONIEN

SUSE

*Taureau ailé
qui gardait l'entrée
du palais de Nimrud* →

LARSA

TELL EL-OBEID   UR

ERIDU

(1500 AV J.-C.)

TESTAMENT

EMPIRES

(1400 AV. J.-C.)

(1800-1500 AV. J.-C.)

(700 AV. J.-C.)

(500 AV. J.-C.)

(990-935 AV. J.-C.)

(597-581 AV. J.-C.)

*Shuruppak fut la dernière capitale avant le
déluge et Kish le siège de la première dynastie
après le déluge, d'après les récits sumériens*

Poignard et fourreau en or, trouvés à Ur

Les pays de la Bible n'occupent qu'une petite partie du monde.

ISBN 2-7192-0016-6

LES PAYS BIBLIQUES

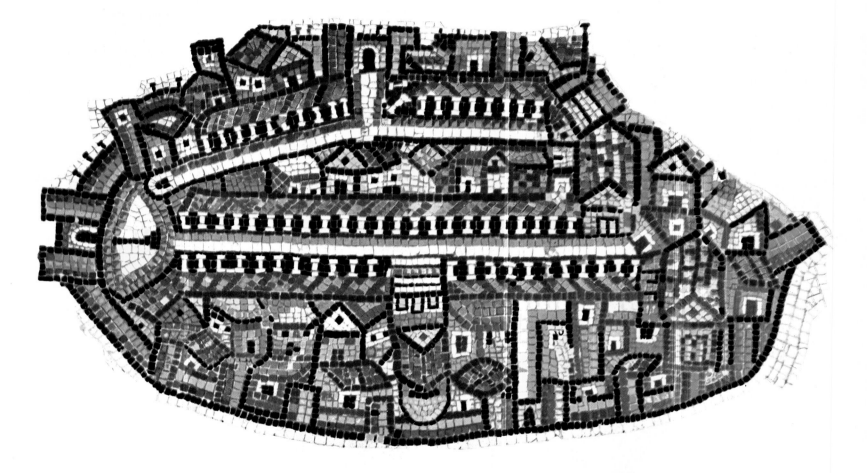

PAR S. TERRIEN

ILLUSTRATIONS DE W. BOLIN

Le présent ouvrage a été soumis à l'examen d'un théologien catholique.

DEUX COQS D'OR

TABLE DES MATIÈRES

Asiatiques, d'après une peinture murale égyptienne.

AVANT-PROPOS

BEAUCOUP DE GENS se représentent la Bible comme une collection de récits séparés. En réalité la Bible n'est qu'une histoire unique, que nous nous arrêtions à l'Ancien Testament, ou que nous envisagions aussi le Nouveau Testament.

En effet la Bible a un but essentiel unique, quoiqu'elle ait été écrite lentement, au cours de plusieurs siècles, par bien des auteurs différents. Ce but est de montrer comment le plan de Dieu pour le salut de l'humanité s'est réalisé à travers les âges, dans la vie quotidienne des hommes et des femmes. L'histoire des anciens Hébreux et des premiers chrétiens devient ainsi l'histoire de l'amour de Dieu pour le monde, et de la recherche par l'homme du véritable sens de la vie.

Les hommes et les femmes de la Bible avaient les mêmes besoins et les mêmes sentiments que les gens d'aujourd'hui. Ils connaissaient la faim et la soif, la douleur et la crainte. Ils étaient tantôt heureux et tantôt tristes. Certains d'entre eux étaient des héros, d'autres étaient des lâches. Ils avaient à choisir entre le bien et le mal, et le choix était tout aussi difficile pour eux qu'il l'est pour nous. C'étaient des personnes véritables à qui se posaient des problèmes véritables.

Le monde dans lequel ils vivaient était, naturellement, différent du nôtre. Pour comprendre leur façon de sentir et les raisons qu'ils avaient de se conduire comme ils le faisaient, nous devons d'abord comprendre leur pays.

Le pays de la Bible est un pays varié. Il comprend des déserts secs et brûlants, des montagnes arides ou fertiles, et des vallées verdoyantes. Les déserts ont juste assez d'eau pour laisser pousser de l'herbe çà et là. Des hommes peuvent vivre dans les déserts, mais ils doivent se déplacer pour trouver la pâture nécessaire à leurs moutons et à leurs chèvres. Dans les vallées d'autre part, le sol est riche et permet la production de céréales et de fruits. La plus grande partie du Sud de la Palestine n'est que montagne aride et désert.

L'histoire de la Bible se situe dans les déserts, aux flancs des montagnes et dans les vallées. Les habitants des déserts étaient des nomades qui erraient çà et là avec leurs troupeaux. Les habitants des vallées et des versants fertiles des montagnes étaient des paysans installés à demeure pour cultiver le sol. Les nomades et les paysans ne s'entendaient pas, et des conflits éclataient fréquemment entre eux.

La Bible devient claire et vivante pour nous si nous la lisons avec des cartes et des images à côté de nous. Le présent album a un double but : montrer le pays qui a formé ce peuple, et décrire l'histoire de ce peuple sur la toile de fond de son pays. Les cartes et illustrations suivent donc l'Ancien et le Nouveau Testament dans l'ordre de l'histoire qu'ils racontent.

Lire la Bible de la Genèse à l'Apocalypse est faire un long voyage dans l'espace et dans le temps. Partant d'Ur en Mésopotamie, nous traversons la Palestine pour entrer en Égypte, puis nous sortons d'Égypte pour entrer dans le désert et la Terre Promise. Nous allons de Jérusalem à Babylone, à Antioche et à Rome, et même à la « Jérusalem nouvelle » de la fin des temps.

Et tandis que nous voyageons dans les pays de la Bible et que nous assistons au drame qui s'y déroula autrefois, nous entendons à nouveau la parole d'un Dieu qui maintenant, comme toujours, est le maître du monde et le maître de nos vies, et il nous montre ainsi comment il a préparé longuement puis réalisé par le sacrifice de Jésus-Christ le salut du monde.

Samuel Terrien.

7

LES ORIGINES

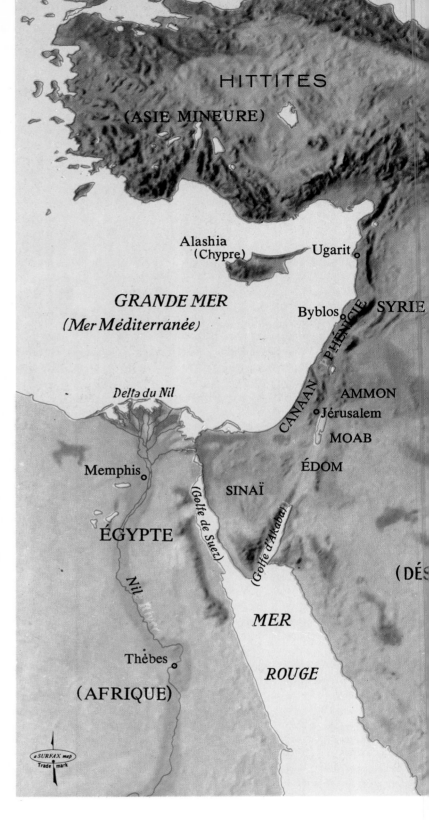

Symbole égyptien de la vie

Genèse, Chapitres 1 à 11

LE MONDE de la Bible n'était pas très étendu. Il comprenait seulement le sud-ouest de l'Asie et la partie nord-est de l'Afrique. Toute cette région ne représente guère que la superficie de la France, de l'Espagne et de l'Italie.

De plus, une faible partie de ces régions peut être cultivée. La majeure partie est occupée par la montagne et le désert. Les seules zones fertiles sont les vallées des fleuves.

Toute la terre d'Égypte, par exemple, n'est qu'un étroit ruban vert en bordure du Nil. Cette mince bande de champs et de jardins est entourée des deux côtés par de hautes falaises de granit rose ou des pentes couvertes de sable et de cailloux.

Le long du Tigre et de l'Euphrate, à l'est, s'étend une autre bande verte appelée Mésopotamie, nom qui signifie « Le Pays entre les Fleuves ». Aux temps bibliques, la Mésopotamie était une longue — et par endroits large — bande de sol fertile, bordée d'un côté par les montagnes de Perse, et de l'autre par le désert d'Arabie. La ligne de partage entre le sol fertile et les collines désertiques était si nette, qu'un homme pouvait passer en une enjambée de la terre noire et vivante de la vallée au sable sec et mort des pentes voisines.

L'invention de la charrue marqua le début de la civilisation sédentaire ; elle permit à l'homme de cultiver le sol et de produire sa nourriture au lieu d'errer à sa recherche.

LES DÉBUTS DE LA CIVILISATION

Ce fut dans les régions verdoyantes de la Mésopotamie et de l'Égypte que la civilisation prit naissance. Peut-être dès 4 500 av. J.-C. les habitants commencèrent-ils à construire des digues et à creuser des fossés d'irrigation et des canaux de drainage.

Dans ces vallées, l'eau des fleuves rendait le sol extrêmement riche, mais aussi marécageux. Les fleuves débordaient chaque année et souvent modi-

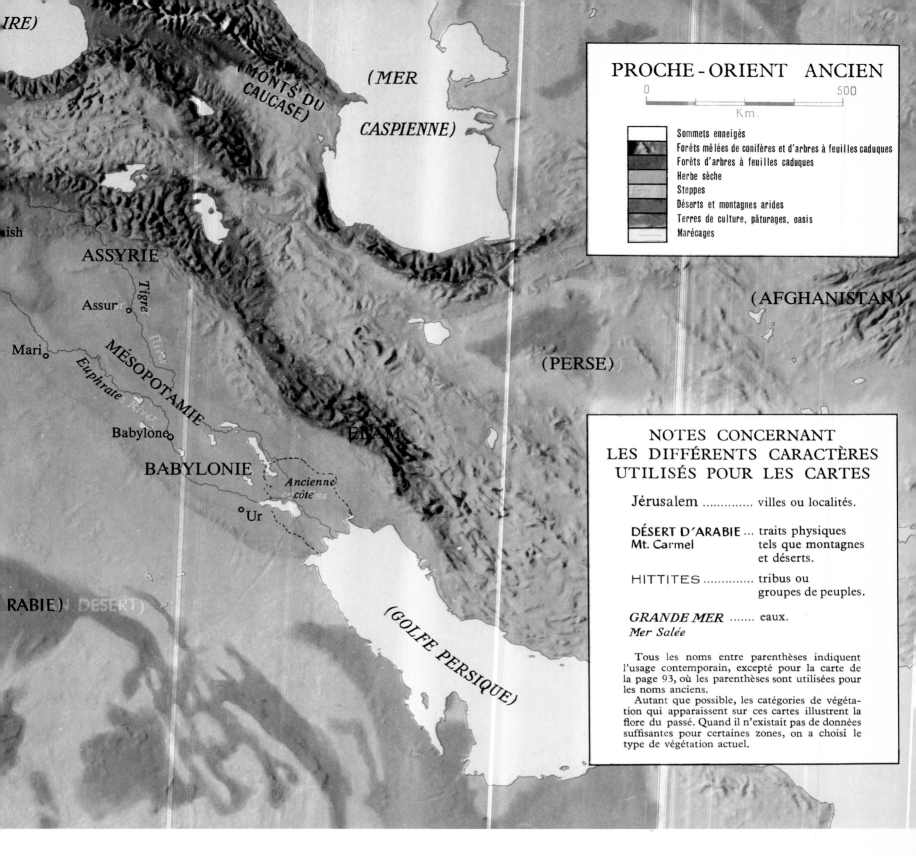

(MONTS DU CAUCASE)

(MER CASPIENNE)

PROCHE - ORIENT ANCIEN

0　　　　　　　　　　500
Km.

Sommets enneigés
Forêts mêlées de conifères et d'arbres à feuilles caduques
Forêts d'arbres à feuilles caduques
Herbe sèche
Steppes
Déserts et montagnes arides
Terres de culture, pâturages, oasis
Marécages

ASSYRIE

Assur

Tigre

River

(AFGHANISTAN)

Mari

MÉSOPOTAMIE

Euphrate River

(PERSE)

Babylone

ÉLAM

BABYLONIE

Ancienne côte

Ur

NOTES CONCERNANT
LES DIFFÉRENTS CARACTÈRES
UTILISÉS POUR LES CARTES

Jérusalem .... villes ou localités.

DÉSERT D'ARABIE ... traits physiques
Mt. Carmel　　　　　tels que montagnes
　　　　　　　　　　et déserts.

HITTITES .... tribus ou
　　　　　　　　　　groupes de peuples.

GRANDE MER .... eaux.
Mer Salée

　Tous les noms entre parenthèses indiquent
l'usage contemporain, excepté pour la carte de
la page 93, où les parenthèses sont utilisées pour
les noms anciens.
　Autant que possible, les catégories de végétation qui apparaissent sur ces cartes illustrent la
flore du passé. Quand il n'existait pas de données
suffisantes pour certaines zones, on a choisi le
type de végétation actuel.

RABIE) (DÉSERT)

(GOLFE PERSIQUE)

fiaient leur cours, laissant de vastes marécages.
Pour pouvoir vivre dans les vallées, les habitants
devaient construire des murs pour contenir l'inon-
dation et drainer les marécages en creusant des
canaux. Aucune famille ne pouvait faire de tels
travaux toute seule. Des hommes de différentes
familles et de différents clans durent apprendre à
travailler ensemble pour construire les murs, creuser
les canaux et les maintenir en bon état. Des techni-
ciens durent être formés pour diriger la construction
des fossés et des murs. C'est principalement de

cette façon que la société humaine se constitua avec
un gouvernement et des lois.
　Le creusement des canaux eut un triple résultat :
il permit de drainer les marécages, de combattre
les inondations et il fournit un réseau de voies navi-
gables sur lesquelles les bateaux pouvaient circuler,
transportant voyageurs et marchandises. Longtemps
avant qu'il y eût des routes de terre, les canaux
offraient des routes d'eau rapides et douces. Les
récoltes étaient si abondantes que le surplus de
vivres pouvait être échangé contre des marchandises

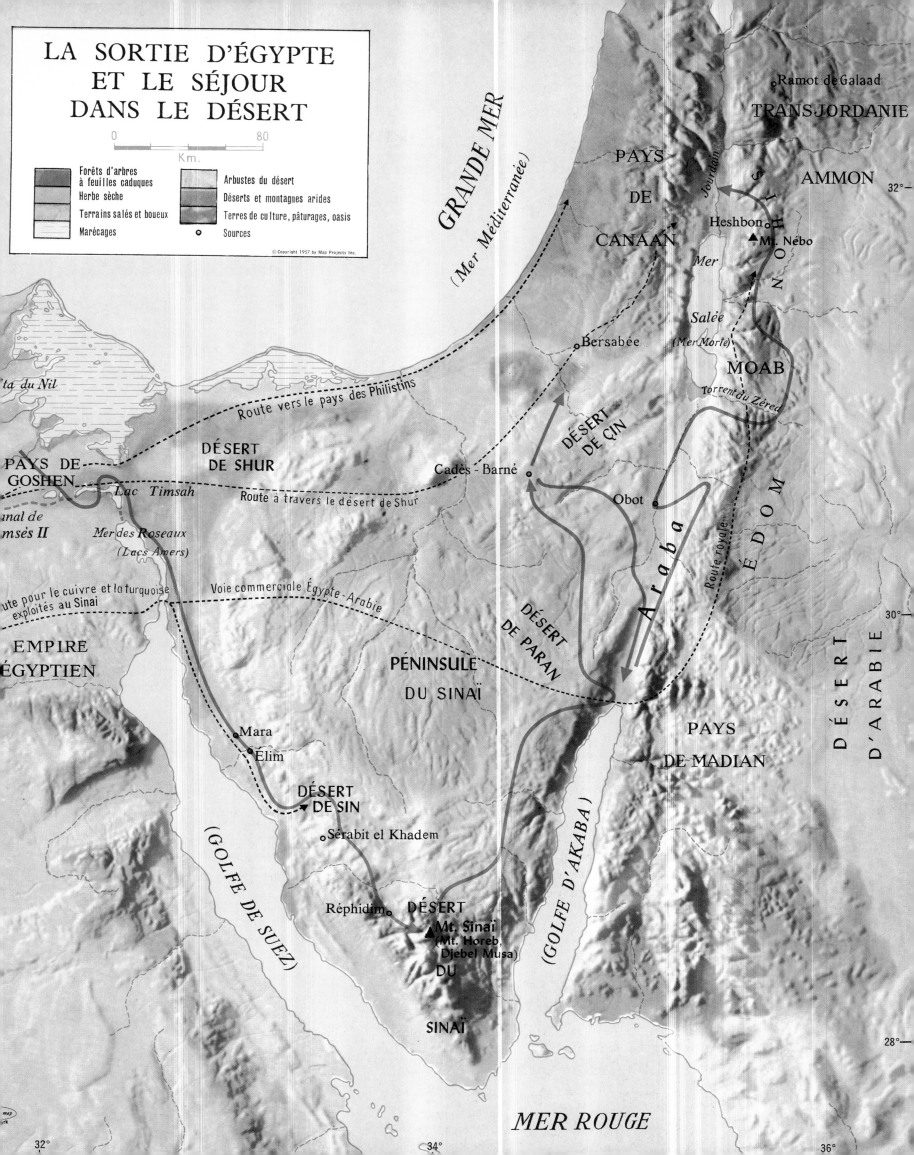

LA SORTIE D'ÉGYPTE ET LE SÉJOUR DANS LE DÉSERT

0   80
Km.

Forêts d'arbres à feuilles caduques
Herbe sèche
Terrains salés et boueux
Marécages

Arbustes du désert
Déserts et montagnes arides
Terres de culture, pâturages, oasis
○ Sources

© Copyright 1957 by Map Projects Inc.

GRANDE MER
(Mer Méditerranée)

TRANSJORDANIE

Ramot de Galaad

PAYS DE CANAAN

AMMON

Heshbon

Mt. Nébo

Mer

Salée
(Mer Morte)

MOAB

Bersabée

Cadès - Barné

DÉSERT DE ÇIN

Obot

Torrent du Zéred

ÉDOM

Route royale

Araba

DÉSERT D'ARABIE

Route vers le pays des Philistins

DÉSERT DE SHUR

PAYS DE GOSHEN

Lac Timsah

Route à travers le désert de Shur

nal de
msès II

Mer des Roseaux
(Lacs Amers)

ute pour le cuivre et la turquoise
exploités au Sinaï

Voie commerciale Égypte-Arabie

DÉSERT DE PARAN

PÉNINSULE DU SINAÏ

EMPIRE ÉGYPTIEN

PAYS DE MADIAN

Mara

Élim

DÉSERT DE SIN

Sérabit el Khadem

GOLFE DE SUEZ

GOLFE D'AKABA

Réphidim

DÉSERT

Mt. Sinaï
(Mt. Horeb,
Djebel Musa)

DU

SINAÏ

MER ROUGE

32°   34°   36°

Le monastère Ste Catherine, au pied du Mont Sinaï traditionnel, fut fondé au IVᵉ siècle après J.-C.

torrent de Zéred sur la frontière entre Edom et Moab. Puis ils se dirigèrent à nouveau vers le nord.

C'est alors que l'armée de Sihon, le roi amorite d'Heshbon, vint à leur rencontre. Cette fois les Hébreux se battirent et furent vainqueurs.

Atteignant la Transjordanie (le territoire à l'est de la vallée du Jourdain), les Israélites étaient maintenant aux portes mêmes de Canaan. Certains Hébreux étaient très heureux de s'établir en Transjordanie, et ne songeaient pas à aller plus loin.

LES HÉBREUX EN TRANSJORDANIE

Les Hébreux reprirent alors la direction du sud vers le golfe d'Akaba. Là, leur intention était d'obliquer à l'est et de traverser le pays d'Edom, en empruntant la « Route royale ». Mais les Edomites n'autorisèrent pas les Hébreux à prendre cette route, et Moïse préféra ne pas risquer une bataille. En conséquence, le peuple se dirigea vers le nord, en suivant le fond rocheux de la vallée de la Araba, qui joint le golfe d'Akaba à la Mer Morte.

A la source d'Obot, non loin de la Mer Morte, ils essayèrent de traverser le pays de Moab en prenant la direction nord-est. Le passage leur ayant été refusé, les Hébreux obliquèrent vers l'est et suivirent le

MORT DE MOÏSE

Moïse approchait enfin du terme de sa vie. Comme le vieux chef était monté au sommet du Mont Nébo en Transjordanie, où il devait mourir, il put voir à ses pieds le rivage nord de la Mer Morte et la riche vallée du Jourdain. Il put embrasser du regard toute la chaîne des montagnes de Canaan, de Bersabée à l'extrême sud à l'Hermon majestueux à l'extrême nord. Mais ce pays qu'il voyait, Moïse n'y entra pas.

Avec la mort de Moïse, les quarante longues années d'errance dans le désert étaient achevées. L'invasion de Canaan allait commencer.

Le désert du Sinaï, à travers lequel Moïse conduisit les Hébreux.

L'Arche d'Alliance.

LE ROYAUME DE DAVID

1002-962 av. J.-C.

II Samuel, Chapitres 1 à 24

QUAND il apprit que Saül et Jonathan avaient été tués à la bataille de Gelboé, David entonna pour eux une complainte qui est parmi les plus beaux morceaux littéraires que nous possédions. Elle commence ainsi :

« La gloire d'Israël a péri sur les monts.
Comment sont tombés les héros ? »

David quitta immédiatement Çiqlag avec toute sa suite, et vint à Hébron, au pays de Juda. Là, on l'oignit comme roi de Juda, la partie sud de la Palestine.

Pour chasser les Philistins du pays, le nouveau roi devait unir les tribus du sud, du nord et de la Transjordanie. Cependant entre les tribus du nord et du sud un sérieux désaccord était déjà apparu. Et voici qu'Abner, le chef de l'armée de Saül, conduisit le quatrième fils de Saül, Ish-Baal (que la Bible appelle Ish-Boshet) à Mahanayim où il le fit proclamer roi d'Israël. Le résultat, ce furent deux années de sanglante guerre civile (1002-1000 av. J.-C.).

Lors d'un combat à Gabaon, Abner tua un neveu de David, nommé Asahel, qui était le frère de Joab, général de David. Quand Abner essaya d'abandonner le faible roi Ish-Baal et de passer du côté de David, Joab tua Abner par trahison, pour venger la mort d'Asahel.

David pleura ouvertement Abner, et le peuple fut convaincu qu'il n'était pour rien dans sa mort. En conséquence, Israël décida de soutenir David, et il fut proclamé roi d'Israël. La force et le charme de sa personnalité apaisèrent, pour une génération, la mésentente entre le nord et le sud.

PRISE DE JÉRUSALEM

Avec un rare sens politique, David comprit qu'Hébron faisait trop partie du « sud » pour être une capitale acceptable pour tout Israël. Il avait besoin d'une ville qui ne fût ni au nord, ni au sud. A cet effet, la vieille forteresse de Jérusalem, toujours occupée par les Cananéens, était idéale. A mi-chemin entre la capitale de Saül, Gibéa, et la ville d'origine de David, Bethléem, c'était une place-forte naturelle. Ni Josué ni aucun autre chef hébreu n'avait été capable de la conquérir.

David la prit en faisant son attaque par le tunnel qui servait à amener l'eau dans la ville.

Le nouveau souverain réserva bientôt un emplacement sacré pour le culte du Dieu d'Israël. Sur le plateau nord, il acheta une aire — une grande plate-forme de rocher — où il bâtit un autel pour offrir des sacrifices au Seigneur. Il amena en procession

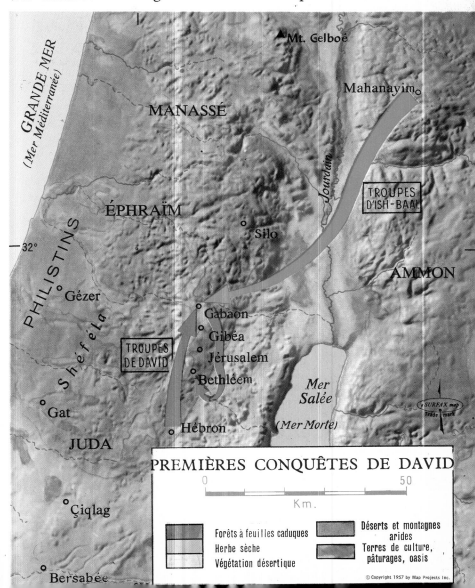

PREMIÈRES CONQUÊTES DE DAVID

0   50

Km.

Forêts à feuilles caduques
Herbe sèche
Végétation désertique
Déserts et montagnes arides
Terres de culture, pâturages, oasis

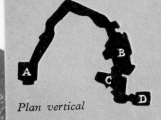

Plan vertical

Source de Gihon.

jets de construction à Jérusalem et pour la solde de son armée, David entreprit la réalisation d'un programme de conquête. Grâce au butin, aux tributs et au travail

Quand l'armée de David mit le siège devant Jérusalem, les défenseurs cananéens se croyaient bien en sécurité. Mais David promit une forte récompense à qui monterait par le canal qui amenait dans la ville l'eau de la source de Gihon située à l'extérieur des remparts. Un groupe de soldats réussit cet exploit et c'est ainsi que Jérusalem fut prise.

solennelle l'Arche d'Alliance à Jérusalem. L'Arche devint un symbole d'unité nationale et de fidélité au Seigneur.

David voulait bâtir un temple pour l'Arche, mais le prophète Natan l'en empêcha. Natan représentait les vieilles idées religieuses des Hébreux nomades, pour qui « Dieu n'est pas assis, mais marche ». Cependant David bâtit un palais pour lui, ses femmes et ses nombreux enfants ; et il restaura les remparts de la ville, qui devint connue sous le nom de « ville de David ».

DAVID ET LES PHILISTINS

Les Philistins comprirent vite que David était une menace pour eux. Ils envoyèrent une armée qui campa à quelques kilomètres de Jérusalem dans la vallée des Rephaïm, parmi les micocouliers.

David n'attaqua pas le camp philistin en empruntant le passage naturel de la vallée. Il fit au contraire un long détour par Gibéa et les hauteurs de Gabaon. Quand le vent eut tourné et que l'avant-garde de David put entendre le bruit du camp philistin à travers les arbres, il fondit sur l'ennemi et le chassa jusqu'à Gézer dans la Shéféla.

La lutte contre les Philistins continua pendant plusieurs années. Les soldats de la garde personnelle de David, les « trente-trois », combattirent souvent des colosses philistins en combat singulier, comme David lui-même avait jadis combattu Goliath. Petit à petit, les Philistins furent repoussés. Israël leur prit Gat et Çiqlag, où David avait vécu en exil.

L'ascendant de David et son charme personnel gagnèrent même certains de ses ennemis vaincus. Dans son armée, il n'y avait pas seulement des Hébreux, mais aussi des Philistins, en particulier les Kerétiens (peut-être originaires de l'île de Crète), les Pelétiens, et les Gittites (de Gat).

LES CONQUÊTES DE DAVID

Afin de se procurer l'argent nécessaire pour ses pro-

forcé des prisonniers de guerre, il équilibra le budget de son gouvernement. Il battit les Moabites, en tua une partie, et réduisit les autres en esclavage. Il battit les Edomites dans la vallée du Sel, non loin de Bersabée, et massacra toute la famille royale d'Edom, à l'exception d'un prince, Hadad, qui s'enfuit èn Égypte. Edom devint une partie de la province de Juda.

En Transjordanie, David lutta contre les Ammonites ; mais les Ammonites se révélèrent plus difficiles à conquérir. Ils prirent à leur solde des Syriens de Damas, fantassins et cavaliers avec leurs chars. Quand David triompha finalement des Ammonites et des Syriens, l'opération fut profitable. La victoire lui procura des hommes, des armes de bronze et des boucliers en or. Il établit même et maintint des garnisons dans la ville de Damas.

Les guerres de conquête de David eurent quatre résultats importants. Elles affermirent Israël en face de ses voisins avides. Elles emplirent le trésor royal si bien que David n'eut pas à imposer son propre peuple. Elles empêchèrent les tribus du nord de regretter d'avoir un souverain du sud. Et elles donnèrent au roi du prestige aux yeux des nations étrangères.

David entretint des relations diplomatiques avec les Syriens de Geshur, les Phéniciens de Tyr, et même les Syriens du nord à Hamat sur l'Oronte.

Il gouverna directement ou contrôla indirectement toute la zone du Croissant Fertile, de l'Euphrate à l'Isthme de Suez. A vrai dire, il ne put réaliser cela que parce que, pour la première fois dans l'histoire, la Mésopotamie et l'Égypte étaient trop faibles pour y mettre obstacle.

LA RÉVOLTE D'ABSALOM

Toutefois David avait des difficultés à l'intérieur de sa propre famille. Il donna lui-même un exemple de déloyauté quand il fit trahir et tuer au combat un de ses fidèles capitaines, Urie le Hittite, à seule fin de lui prendre sa femme, la belle Bethsabée. Quelques années plus tard, Amnon, l'aîné des fils de David et l'héritier du trône, s'éprit de sa demi-sœur Tamar. Absalom, frère de Tamar, tua Amnon et dut s'enfuir chez les Syriens de Geshur. Au bout de trois ans, David lui pardonna et Absalom revint, mais ce fut pour comploter de nouveau contre son père.

Rassemblant autour de lui un bon nombre de partisans, surtout des tribus de Benjamin et d'Ephraïm au nord, Absalom se fit proclamer roi à Hébron. Puis il marcha avec son armée contre Jérusalem.

David se retira en hâte à Mahanayim, au delà du Jourdain. Mais le général de David, Joab, battit les troupes d'Absalom dans la forêt d'Ephraïm. Absalom, qui s'enfuyait sur un mulet, fut retenu par les cheveux dans les branches d'un grand chêne et tué par Joab. David retourna à Jérusalem en pleurant son fils, tout comme il avait pleuré jadis, à la mort de Saül.

DAVID, LE ROI ET L'HOMME

David fut un personnage complexe et déconcertant. Brave et loyal envers ses amis comme envers ses ennemis, il était capable de cruauté atroce et même — comme dans le cas d'Urie — de félonie. Il était fidèle à la religion de ses pères, humble devant le prophète du Seigneur, et se laissait parfois emporter par ses sentiments, comme lorsqu'il dansa devant l'Arche. Ce fut un grand poète et un grand musicien, un homme de guerre, un homme d'État et un héros romantique.

Comme roi, il acheva la conquête de Canaan que Josué avait commencée plus de deux siècles auparavant. Il rétablit, provisoirement du moins, l'unité des tribus. La Terre Promise, ce rêve des anciens nomades, était enfin devenu une réalité.

Mais un seul problème n'avait pas été résolu : qui régnerait à la mort de David ?

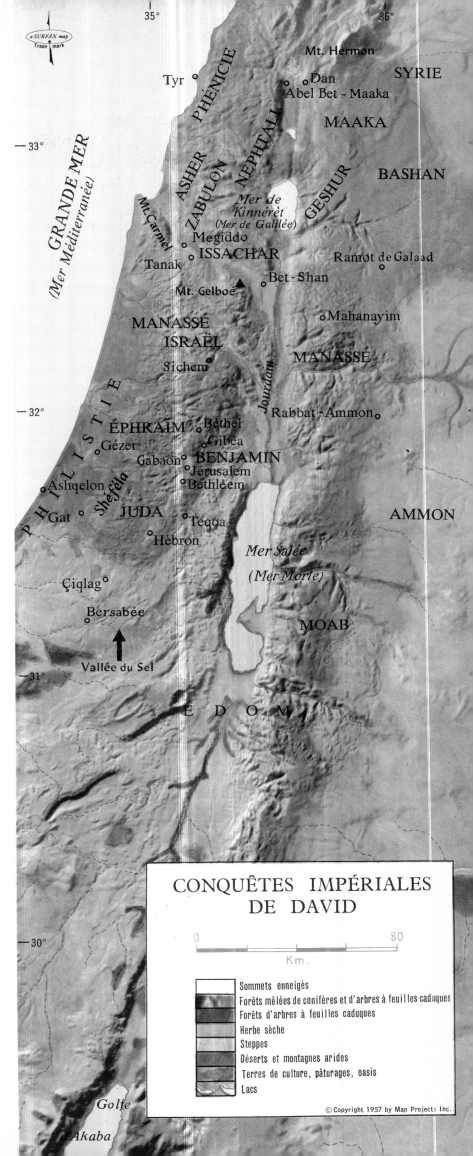

CONQUÊTES IMPÉRIALES DE DAVID

0   80

Km.

Sommets enneigés
Forêts mêlées de conifères et d'arbres à feuilles caduques
Forêts d'arbres à feuilles caduques
Herbe sèche
Steppes
Déserts et montagnes arides
Terres de culture, pâturages, oasis
Lacs

© Copyright 1957 by Map Projects Inc.

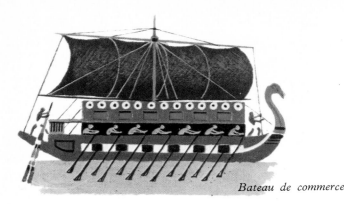

Bateau de commerce

L'EMPIRE
DE SALOMON

962-922 av. J.-C.

I Rois, Chapitres 1 à 11

LES DERNIÈRES ANNÉES du règne de David furent tristement marquées par la sécheresse, la famine et la peste. Enfin le vieux roi se trouva sur son lit de mort. La question de la succession devait être réglée tout de suite.

Les princes Amnon et Absalom étaient morts. Après eux venait le bel Adonias, qui était soutenu par Joab, le chef de l'armée, et le prêtre Ebyatar. Les amis d'Adonias n'hésitèrent pas à le proclamer roi, à la source sacrée d'En-Rogel, dans la vallée du Cédron au sud de Jérusalem.

Cependant la reine Bethsabée avait d'autres projets. Elle obtint de David mourant la promesse que Salomon, son fils à elle, monterait sur le trône. Accompagné par le prêtre Sadoq, le chef de la garde royale Benayahu, et le prophète Natan, Salomon se rendit sur la mule du roi à la source de Gihon, tout près des remparts. Là, Sadoq et Natan lui donnèrent l'onction comme roi d'Israël.

Après la mort de David, Salomon ne perdit pas de temps pour se débarrasser de ses ennemis. Son frère et rival Adonias, ainsi que le vieux général Joab, furent mis à mort. Le prêtre Ebyatar fut exilé. Les craintes du prophète Samuel — à savoir que la monarchie n'entraînât avec elle intrigues de palais et meurtres à l'orientale — se vérifiaient malheureusement.

Politique cruel, Salomon était un remarquable admi-

nistrateur. Il divisa le royaume en douze districts qui découpaient les anciennes frontières des tribus et affaiblissaient le gouvernement tribal. Il imposa aussi à son peuple un système de travail obligatoire. A un moment donné, les tribus du nord se révoltèrent, sous la conduite de Jéroboam. Mais la rébellion fut écrasée, et Jéroboam dut s'enfuir en Égypte.

Les vieilles forteresses cananéennes de Dor, Megiddo, Tanak et Bet-Shan, qui commandaient les passages stratégiques autour de la plaine d'Yizréel, furent englobées dans la ligne de défense de Salomon. La forteresse de Gézer, dans la Shéféla, lui vint comme dot de l'Égypte quand il épousa une des filles du Pharaon.

ROLE INTERNATIONAL DE SALOMON

David avait acquis une grande puissance à Israël ; Salomon en fit usage. Il éprouva toutefois quelques échecs. Hadad, le prince édomite, qui s'était enfui en Égypte quand David avait conquis Edom, revint dans son pays et recouvra son indépendance à l'égard de Salomon. De la même façon, les Syriens de Damas furent les adversaires d'Israël pendant tout le règne de Salomon.

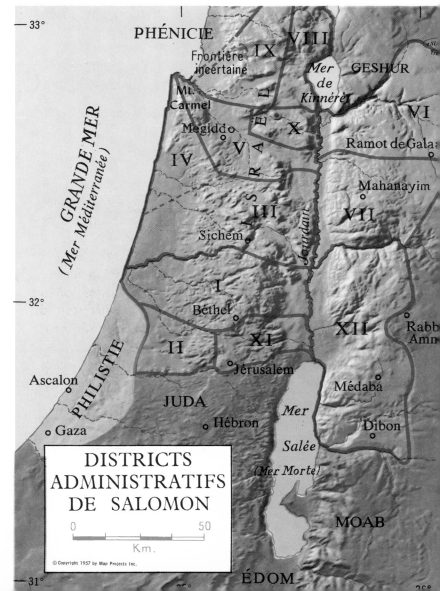

DISTRICTS
ADMINISTRATIFS
DE SALOMON

0   50
Km.

© Copyright 1957 by Map Projects Inc.

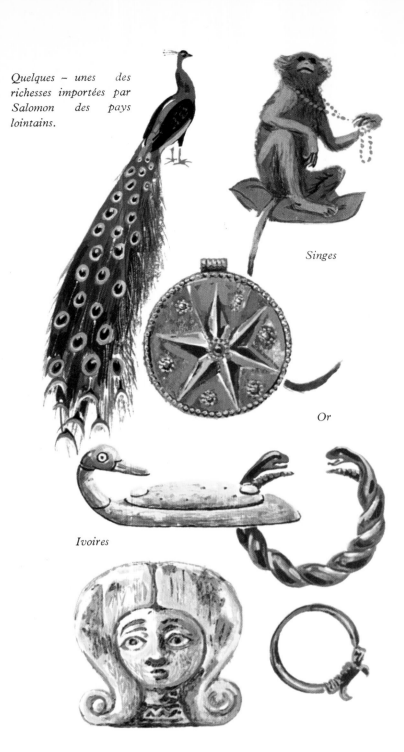

Quelques - unes des richesses importées par Salomon des pays lointains.

Singes

Or

Ivoires

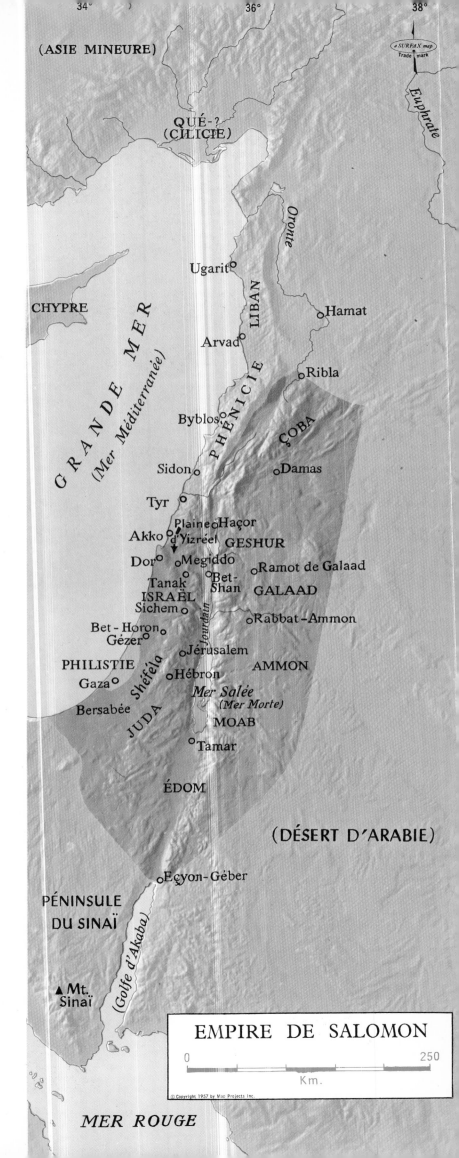

Euphrate

CHYPRE

Ugarit

GRANDE MER
(Mer Méditerranée)

Oronte

LIBAN

Hamat

Arvad

PHENICIE

Ribla

Byblos

ÇOBA

Sidon

Damas

Tyr

Plaine Haçor

Akko d'Yizréel GESHUR

Dor Megiddo Ramot de Galaad

Tanak Bet-Shan GALAAD

ISRAËL

Sichem

Jourdain

Rabbat-Ammon

Bet-Horon

Gézer

Jérusalem

PHILISTIE

AMMON

Gaza Hébron

Shéféla

Mer Salée
(Mer Morte)

Bersabée

JUDA

MOAB

Tamar

ÉDOM

(DÉSERT D'ARABIE)

Eçyon-Géber

PÉNINSULE
DU SINAÏ

(Golfe d'Akaba)

▲ Mt.
Sinaï

EMPIRE DE SALOMON

0 ————————— 250

Km.

© Copyright 1957 by Map Projects Inc.

MER ROUGE

Le nouveau roi, qui s'entendait mieux au négoce qu'à la guerre, pratiqua le commerce sur une grande échelle. D'Eçyon-Géber sur le Golfe d'Akaba, ses longs courriers atteignirent par la Mer Rouge le mystérieux « pays d'Ophir » — peut-être la côte de Zanzibar en Afrique, de Malabar aux Indes, ou du Yémen au sud de l'Arabie. Ils en rapportèrent du bois rouge de santal (almuggim), des pierres précieuses, de l'or, de l'argent, de l'ivoire, des épices, ainsi que des singes et des paons. Mais Salomon fut également un magnat des métaux. A Eçyon-Géber, les archéologues ont découvert des hauts fourneaux où l'on fondait le minerai de fer et de cuivre. Les courtiers de Salomon importaient aussi des chevaux de Qué (Cilicie) près du Mont Taurus en Asie Mineure, et des chars d'Égypte.

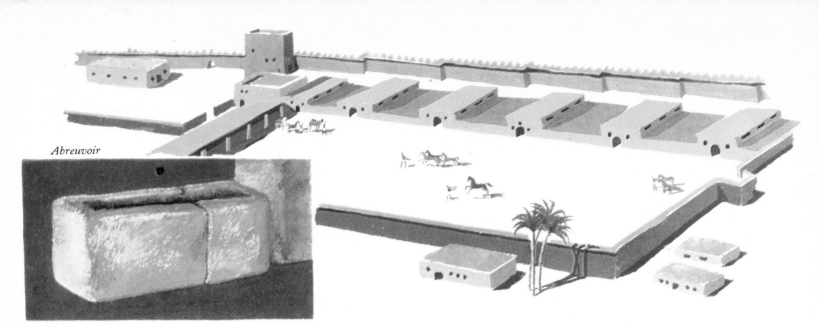

Abreuvoir

La forteresse de Megiddo était une ville de chars au temps de Salomon. Les écuries pouvaient probablement abriter 300 chevaux.

Les relations étrangères de Salomon sont mises en évidence par le grand nombre de princesses étrangères qu'il épousa. Une de ses alliances les plus importantes fut celle qu'il contracta avec Hiram, le roi phénicien de Tyr. Salomon obtint d'Hiram le bois de cyprès et de cèdre qui était nécessaire pour les vastes projets de construction qui marquèrent son règne.

SALOMON LE BÂTISSEUR

Pour emmagasiner les marchandises importées ou exportées en transit, Salomon avait besoin d'entrepôts nombreux et sûrs. Il les construisit dans les forteresses qui commandaient les routes de caravanes : Haçor et Megiddo sur la route entre l'Égypte et la Phénicie ; Bet-Horon et Gézer sur la route d'Égypte à Jérusalem ; Baalat et Tamar sur la route du sud.

A Jérusalem, Salomon combla la brèche (le Millo) qui séparait la cité de David (Ophel) du haut plateau situé au nord ; puis il construisit des murailles pour défendre tout ce secteur. Sur l'aire qu'avait achetée David, il éleva un palais magnifique pour lui, son épouse égyptienne et ses autres femmes. Outre les appartements privés, il y avait la Galerie de la Forêt du Liban (qui servait de salle des gardes) et le Vestibule des Colonnes. Mais l'entreprise la plus ambitieuse de Salomon fut le temple de Jérusalem.

LE TEMPLE DE SALOMON

Le prophète Natan s'était opposé au projet de David pour la construction d'un temple ; par la suite, ou bien il changea d'idée ou bien Salomon l'emporta sur lui. On fit venir de Phénicie des architectes et des ouvriers des métaux, et le travail commença.

Avec le cuivre et le fer extraits près du Golfe d'Akaba, les artisans forgeaient quantité de beaux objets.

Louche

Mors de cheval

Creuset

Poêle

Creuset en argile

Cuivre

Charbon

Haut-fourne

Bassin roulant servant pour transporter l'eau à la grande Mer de Bronze.

PLAN DU TEMPLE

Saint des Saints

Chambres latérales

Saint

Vestibule

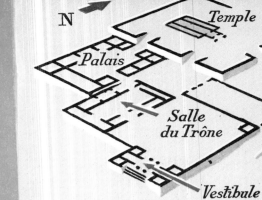

N

Temple

Palais

Salle du Trône

Vestibule des Colonnes

LE TEMPLE ET LE PALAIS

Chapiteau de bronze placé au sommet des colonnes, à l'entrée du temple.

Autel

La Mer de Bronze était placée de telle façon que les quatre groupes de bœufs étaient tournés vers les quatre points cardinaux.

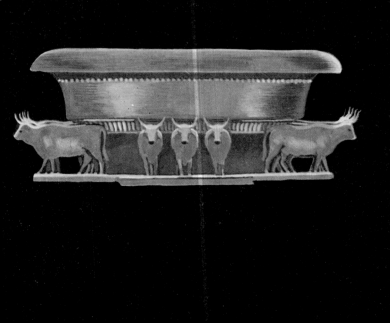

Mer de Bronze

Le temple s'élevait au nord de la cité proprement dite. Il donnait à l'est sur une large cour où se trouvait l'autel pour les sacrifices. Il y avait là aussi la « Mer de Bronze », un immense bassin qui contenait plusieurs dizaines de milliers de litres d'eau pour les purifications.

Le temple lui-même était assez petit. Il n'avait qu'une trentaine de mètres de long, neuf mètres de large et treize de haut. A l'est se trouvait un vestibule peu profond qui donnait sur la cour ; il menait à la grande salle, appelée le Saint. Cette salle était faiblement éclairée par de petites fenêtres à grilles. Elle contenait un autel pour l'encens, une table pour le pain d'oblation, et dix chandeliers à sept branches. Les murs, le plancher et le plafond étaient revêtus de bois précieux.

Du Saint une montée d'escaliers conduisait à la troisième salle, le Saint des Saints. Dans cette salle, de forme cubique, était placée l'Arche d'Alliance, gardée par deux statues de chérubins aux ailes déployées. La pièce était dans une profonde obscurité : un épais rideau à l'entrée masquait toute lumière.

Du fait de ses constructeurs phéniciens, le temple ressemblait presque exactement à un sanctuaire phénicien au dieu Soleil. A la cérémonie de la dédicace, Salomon eut soin de dire : « Le Seigneur a mis le soleil dans le ciel, mais il a choisi d'habiter dans l'obscurité. » Ainsi Salomon lui-même essayait de garder le temple pur des pratiques païennes. Mais avec le temple, comme avec la royauté, les Israélites devenaient de plus en plus semblables à leurs voisins cananéens.

LA SAGESSE DE SALOMON

Le commerce et la diplomatie internationale de Salomon firent sortir de leur pays maints Israélites et amenèrent à Jérusalem maints visiteurs étrangers. L'un de ces visiteurs fut la reine de Saba.

Salomon passait pour être l'un des hommes les plus sages du monde. Comme beaucoup d'autres rois du Proche-Orient, il encourageait les hommes de sa cour à exprimer leurs idées sur le sens de la vie, sur l'homme et sur l'univers. Ces pensées étaient souvent formulées en proverbes brefs et spirituels. La tradition dit que Salomon lui-même écrivit des milliers de proverbes.

Malgré toute cette sagesse, Salomon ne comprit pas les idées morales et sociales qui étaient à l'arrière-plan de l'ancienne foi hébraïque. L'Alliance du

Très peu de cèdres du Liban subsistent encore. Jadis le cèdre de cette région était utilisé comme bois de construction dans tout le monde antique.

Mont Sinaï était faite avec tout le peuple, et non pas uniquement avec une classe privilégiée. Mais l'amour de Salomon pour la puissance et le faste ne provoqua pas seulement la ruine de son pays. Il conduisit aussi à un profond changement dans la société israélite : éloignement de la démocratie primitive et progrès vers la tyrannie et l'injustice.

Le plus grand des Bassins de Salomon. Ces réservoirs n'ont cessé d'approvisionner Jérusalem en eau jusqu'à l'époque moderne.

Victoire du Pharaon Shishaq en Palestine.

LES DEUX ROYAUMES

922-850 av. J.-C.

I Rois 12, à II Rois 7

JUSQU'À l'époque de la mort de Salomon en 922 av. J.-C., l'ensemble de la Palestine avait été connu sous le nom d'« Israël ». Mais en 922, la trêve difficile entre le nord et le sud prit fin, et le pays se divisa d'une manière définitive. Le nord prit le nom d'Israël, tandis que le sud gardait le vieux nom de Juda. Chacune des deux parties se considérait naturellement comme la « vraie » nation hébraïque.

Les raisons de cette division étaient nombreuses. Le nord et le sud étaient différents au point de vue du sol, du climat et de la situation géographique. Ils n'étaient pas moins différents au point de vue de la culture et de l'histoire. En l'absence d'un souverain fort et résolu, ces différences ne pouvaient pas être surmontées.

Israël, le nord, recevait assez de pluie pour produire des céréales, des raisins et des olives. De riches pâturages nourrissaient un bétail de qualité. Mais bien peu de productions pouvaient venir dans le sud aride et sec, en Juda. Juda avait besoin d'importer plus qu'il ne pouvait exporter.

Israël était placé au milieu du Croissant Fertile, au carrefour du monde antique. Il avait de nombreux liens, tant commerciaux que religieux, avec la Phénicie. Des Cananéens, ces cousins des Phéniciens, les paysans israélites avaient appris à adorer les forces de la nature et de la fertilité.

En Juda, d'autre part, il y avait plus de bergers que d'agriculteurs. Ces hommes pouvaient plus facilement être fidèles à la religion de la vieille époque nomade. De même, Juda était à l'écart des grandes routes. Il était plus difficile aux gens de Juda d'apprendre les coutumes et les idées païennes.

Enfin, les tribus du nord avaient leurs propres sanctuaires, Sichem et Silo, et leurs vieilles capitales de Gibéa et Mahanayim. Elles se rappelaient que Salomon, l'homme du sud, avait imposé à beaucoup des leurs le travail obligatoire.

LA RÉVOLTE D'ISRAËL, 922-921 AV. J.-C.

Roboam, fils de Salomon, devint roi à Jérusalem ; mais il dut se rendre à Sichem, l'ancienne ville sainte du nord, pour être confirmé dans sa royauté par les anciens d'Israël. A Sichem, le peuple lui demanda d'adoucir la dure législation de son père relative au travail obligatoire. Roboam refusa.

Immédiatement la révolte éclata. Adoram, le ministre du roi, fut lapidé. Roboam lui-même échappa de justesse. Jéroboam, le rebelle du nord qui s'était enfui en Égypte sous Salomon, était maintenant revenu en Israël. Avec l'aide d'Ahia de Silo, prophète de Yahvé, il devint roi d'Israël.

JUDA, DE JÉROBOAM A JOSAPHAT

Ainsi Roboam fut-il roi de Juda seulement. Il passa son règne entier, de 922 à 915 av. J.-C., à essayer sans succès de reconquérir Israël. La guerre civile entre le nord et le sud donna au Pharaon Shishaq l'occasion d'envoyer une expédition militaire d'Égypte en Palestine et en Syrie. En 917 Shishaq s'empara de Jérusalem et emporta les trésors de Salomon.

Le fils de Roboam, Abiam (915-913 av. J.-C.), et son petit-fils Asa (913-873 av. J.-C.) continuèrent la guerre contre Israël. Mais Josaphat (873-849 av. J.-C.) fit la paix avec le nord et tourna ailleurs son attention. Il reconquit Edom et construisit une nouvelle flotte à Eçyon-Géber. Son dessein était de regagner la richesse de Salomon, mais une tempête détruisit la flotte avant qu'elle eût pris la mer.

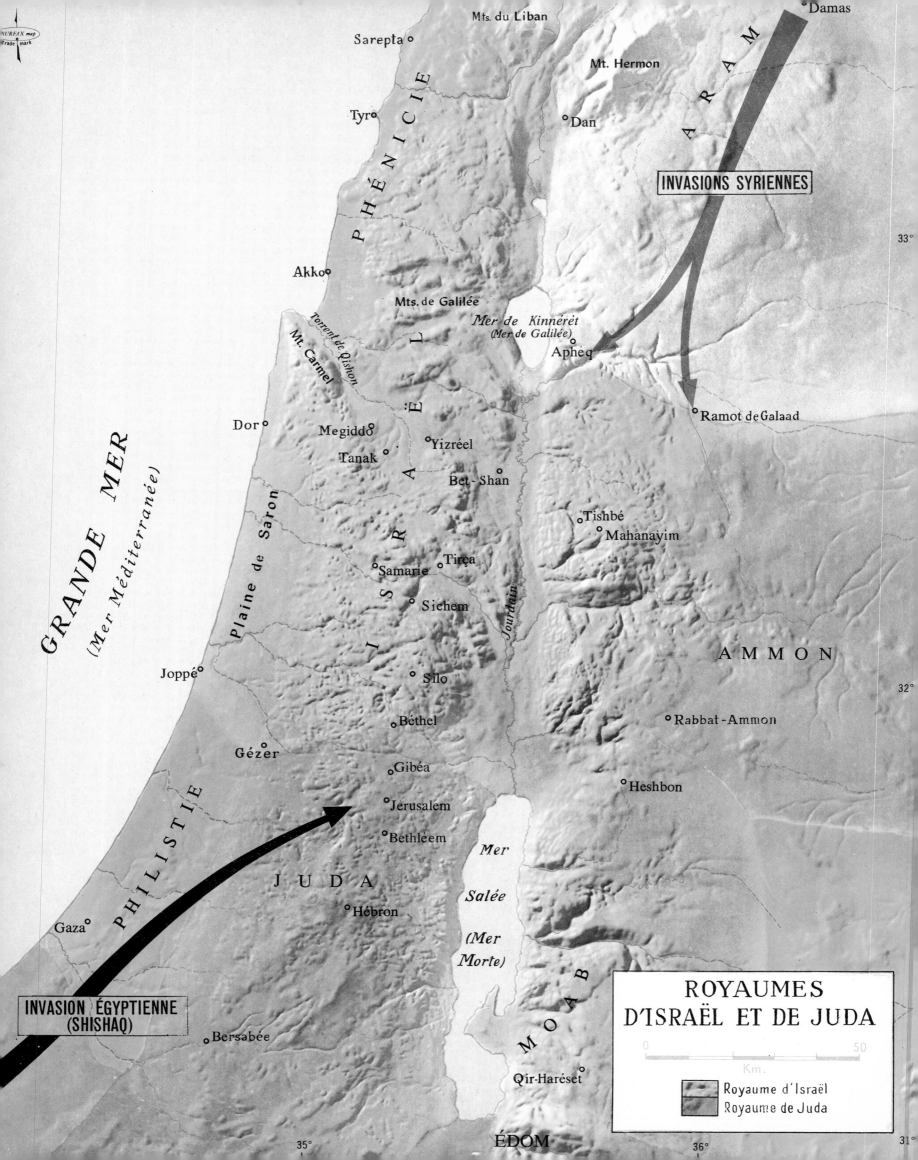

BELGICA

RAETIA   NORICUM

ALPES   PANNONIA

Danuvius

ILLYRICUM

DACIA

PONTUS EUXINUS
(Mer Noire)

MOESIA

Mare Hadriaticum

CORSICA
ET
SARDINIA

Roma
Ostia

THRACIA

Byzantium

BITHYNIA ET PONTUS

GALATIA

MACEDONIA

Thessalonica

CAPPADOCIA

Mare Tyrrhenum

Mare Aegaeum

Pergamum

ASIA

Smyrna

Ephesus

Miletus

CILICIA ET SYRIA

Tarsus

Actium

ARE

(Mer

SICILIA

Rhegium

ACHAIA

Athenae

Corinthus

Sparta

Rhodos

RHODOS

LYCIA

CYPRUS

Damascus

Carthago

Méditerranée)

INTERNUM

Cnossus

CRETA

Nazareth

Caesarea

Sebaste

Jerusalem

Bethlehem

OMAIN
SANCE
JS

500

s principales

es routes maritimes

AFRICA

CYRENAICA

AEGYPTUS

Alexandria

Memphis

10°   20°   30°

Jules César

Auguste

Pompée

Antoine

Cléopâtre

57

En de nombreuses régions du monde, les Romains construisirent de grandes villes avec des forums, des temples, des théâtres, des aqueducs et des bains publics pour les besoins et le confort de leurs légionnaires. On voit encore s'élever dans la ville de Gérasa, bâtie en granit orange et rose, un grand et un petit théâtre, de nombreux temples et une voie triomphale bordée de centaines de colonnes.

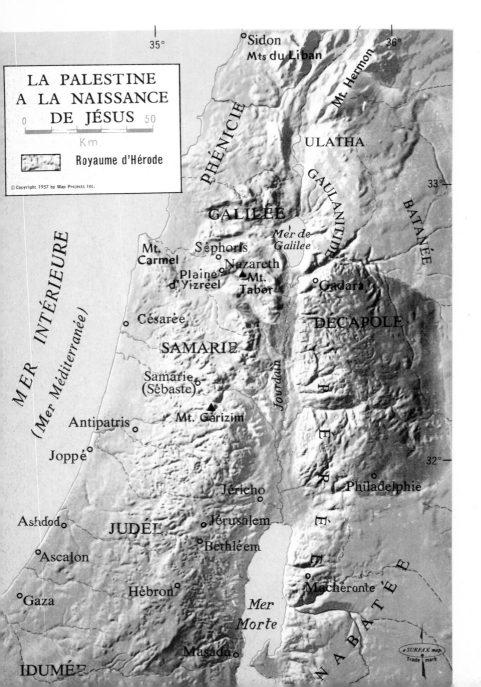

Hérode était un païen de naissance et de culture. Il éleva des temples en l'honneur de son maître Auguste, qui était adoré comme un dieu dans tout l'empire. Il rebâtit, dans le style grec, la nouvelle ville de Samarie (Sébaste) et le port de Césarée.

Mais Hérode respecta la religion des Juifs. Il rebâtit le temple à une échelle grandiose, avec de vastes cours, des terrasses et des portiques. Il reconstruisit aussi et prolongea les anciens aqueducs qui amenaient à Jérusalem l'eau du Ouadi Urtas, près des Bassins de Salomon.

LA NAISSANCE DE JÉSUS

Selon les évangiles, Jésus naquit à Bethléem juste avant la mort d'Hérode, en 4 av. J.-C. Il y a une erreur dans notre calendrier ; la date véritable de la naissance de Jésus est probablement vers 6 avant notre ère. L'histoire du massacre des enfants de Bethléem au temps de Jésus s'accorde avec ce que nous savons du caractère d'Hérode. Toute sa vie, Hérode craignit les conspirations : en vieillissant, il devint un maniaque de l'assassinat. Il tua la plupart de ses parents, parmi lesquels trois de ses fils.

LE MONDE ROMAIN AU TEMPS DE JÉSUS

L'empereur romain Auguste était un excellent organisateur. Il constitua les États sujets en provinces de l'empire romain, gouvernées par des souverains fantoches ou des fonctionnaires romains appelés « procurateurs ». Un grand réseau de routes solidement pavées fut entrepris. Sur ces routes, les soldats romains pouvaient se déplacer facilement n'importe où, pour maintenir l'ordre. L'armée romaine était organisée en « légions » bien armées et admirablement disciplinées. La *Pax Romana* (« Paix romaine ») qu'elles faisaient régner assurait la sécurité des routes de terre et de mer pour les voyageurs et les commerçants, dans toute la Méditerranée.

La culture romaine était semblable à la culture grecque qui s'était répandue dans le Croissant Fertile. En Transjordanie se trouvait la Décapole, fédération des villes hellénistiques qui s'étaient développées au cours des deux cents dernières années. A l'est et au sud de la Décapole, se trouvaient les Parthes et les Nabatéens, peuples toujours hostiles à Rome. En conséquence, les Romains étaient extrêmement intéressés par la Palestine, et exerçaient un contrôle étroit sur ses affaires.

LES SECTES RELIGIEUSES JUIVES

Les Juifs se sentaient menacés par l'influence de cette culture païenne. Maintes fois ils se révoltèrent, et la cruauté avec laquelle les révoltes furent écrasées leur fit détester les Romains encore davantage. Par exemple, vers l'époque de la naissance de Jésus, certains Juifs arrachèrent l'aigle d'or romaine qui avait été placée sur la porte du temple. Ils furent condamnés à être brûlés vifs, et une foule en fureur lapida les légionnaires romains. Pour réprimer les émeutes qui suivirent, le général romain Varus fit mettre en croix deux mille patriotes. Leurs corps furent laissés suspendus aux croix, des jours durant, le long de la route qui mène de Jérusalem en Galilée. L'enfant Jésus dut voir de tels spectacles, lorsqu'il voyageait avec sa famille.

Tous les Juifs haïssaient Rome, mais les différentes classes de la société se comportaient de manière différente. Les riches Sadducéens, amis des grands-prêtres, collaboraient avec les Romains. Ils agissaient ainsi pour protéger leurs richesses et conserver leur influence dans le Conseil juif appelé le Sanhédrin, qui avait encore un certain pouvoir.

Les Pharisiens et les Scribes ne collaboraient pas avec les Romains. Ils s'étaient mis à l'écart des affaires publiques et étaient devenus extrêmement religieux. D'autres sectes religieuses, comme les Esséniens, se retiraient entièrement de la société et pratiquaient la religion dans des monastères. Un important monastère a été récemment découvert à Khirbet Qumrân, près de la Mer Morte.

Les Zélotes, surtout des Juifs des collines de Galilée, voulaient faire une guerre ouverte contre Rome. Ils accueillirent, l'un après l'autre, plus d'une douzaine de chefs qui se faisaient passer pour le « Messie » ou l' « Oint » — un descendant de David qui amènerait le Royaume de Dieu. Tous ces hommes furent tués par les autorités romaines.

Le désert de Juda. C'est dans ce « désert » que prêchait Jean-Baptiste.

bornèrent à déclarer Jésus coupable d'un crime qui méritait la mort. Ensuite ils l'envoyèrent à Ponce-Pilate, le procurateur romain.

Apprenant que l'accusé était Galiléen, Pilate l'envoya à Hérode Antipas, tétrarque de Galilée, qui, à ce moment, se trouvait, lui aussi, à Jérusalem. Hérode se moqua de Jésus et essaya en vain de le questionner. Finalement il le renvoya à Pilate, qui livra Jésus aux Juifs pour être crucifié.

Des fouilles ont découvert, sur le site de la forteresse Antonia, le dallage véritable de la cour où les soldats romains montaient la garde. Pour passer le temps, ils jouaient à un jeu appelé « le jeu du Roi ». Pour servir à ce jeu, des lignes étaient gravées sur les pierres de la cour, à l'endroit même où Jésus fut flagellé, raillé en tant que roi, et couronné d'épines.

LA MORT DE JÉSUS

Vers la fin de la matinée, Jésus fut conduit à une colline appelée Golgotha (« le crâne », en araméen). Là il fut crucifié avec deux voleurs. Une tradition pleinement autorisée situe le Golgotha à l'emplacement de la basilique actuelle du Saint-Sépulcre. C'est aussi dans une chapelle de la basilique qu'on situe le tombeau de Joseph d'Arimathie, où le corps de Jésus fut déposé après sa mort.

Le domaine de Gethsémani, où Jésus fut arrêté.

Arbuste épineux qui a pu servir pour faire la couronne du Christ.

Le dallage de l'Antonia.

Détail du jeu du Roi sur les pierres du dallage.

LA RÉSURRECTION ET L'ÉGLISE PRIMITIVE

30-36 ap. J.-C.

Matthieu 28, Marc 16, Luc 24, Jean 20-21, Actes 1-8, 10

Le symbole du pain.

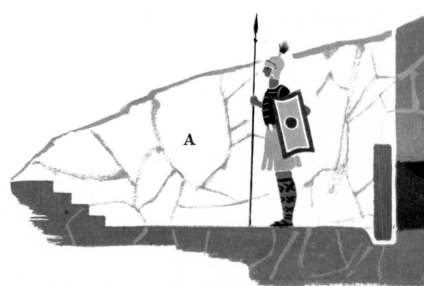
Le symbole du vin.

L'HISTOIRE de Jésus ne s'acheva pas au Golgotha. Les évangiles continuent pour raconter que Jésus apparut à ses disciples après sa mort; les récits diffèrent sur les détails des apparitions mais affirment tous que le Christ s'est montré vivant.

Comme Jésus était mort le Vendredi, juste avant le début du Sabbat, personne ne pouvait venir le Samedi pour embaumer son corps. Mais des femmes qui l'avaient accompagné de Galilée vinrent, à l'aube du Dimanche, apporter des aromates. Le tombeau était creusé dans le roc au flanc de la colline ; l'entrée était fermée par une grosse pierre plate. Alors qu'elles se demandaient comment elles pourraient déplacer la lourde pierre, les femmes s'aperçurent qu'elle avait déjà été roulée et que le tombeau était vide. Elles virent un ange (ou deux anges selon saint Luc et saint Jean) qui leur dit que Jésus était ressuscité des morts et que ses disciples le verraient en Galilée.

Les évangiles diffèrent un peu en ce qui concerne le nom des femmes qui se rendirent au tombeau. Selon l'évangile de saint Jean, la seule femme qui se rendit au tombeau fut Marie-Magdeleine. Pierre alla lui aussi au tombeau et le trouva vide.

D'après l'évangile de saint Matthieu, les onze apôtres (Judas s'était tué) virent Jésus seulement en Galilée, sur la montagne où il leur avait donné rendez-vous.

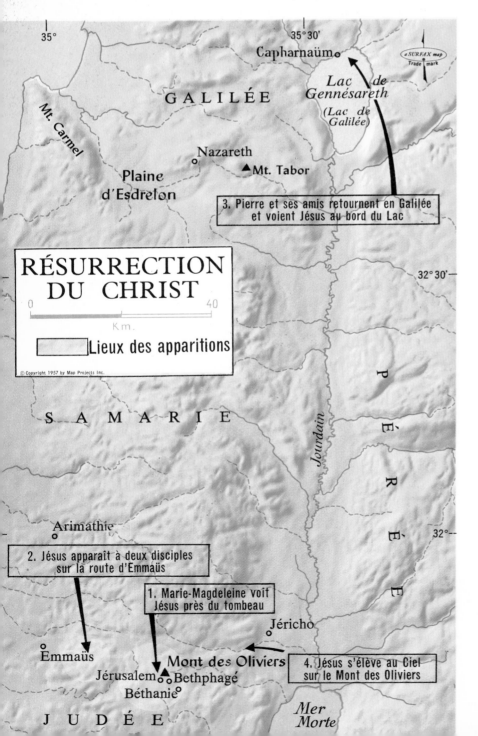

RÉSURRECTION DU CHRIST

0 ____ 40
Km.

▭ Lieux des apparitions

© Copyright 1957 by Map Projects Inc.

35°   35°30'

Capharnaüm

Lac de Gennésareth (Lac de Galilée)

GALILÉE

Nazareth   ▲ Mt. Tabor

Plaine d'Esdrelon

Mt. Carmel

3. Pierre et ses amis retournent en Galilée et voient Jésus au bord du Lac

32°30'

SAMARIE

Jourdain

PÉRÉE

Arimathie

32°

2. Jésus apparaît à deux disciples sur la route d'Emmaüs

1. Marie-Magdeleine voit Jésus près du tombeau

Jéricho

Emmaüs

Mont des Oliviers

4. Jésus s'élève au Ciel sur le Mont des Oliviers

Jérusalem ▲ Bethphagé
Béthanie

JUDÉE

Mer Morte

APRÈS LA RÉSURRECTION

L'évangile de saint Luc ne parle que d'apparitions en Judée. Le soir du premier jour, deux disciples de Jésus, Cléophas et un de ses amis, faisaient route vers le village d'Emmaüs, au nord-ouest de Jérusalem. Jésus les rejoignit en chemin, comme un étranger. Ils ne le reconnurent qu'au moment où ils furent à table. Retournant en hâte à Jérusalem, ils apprirent que Jésus s'était aussi montré à Simon-Pierre ; Jésus apparut encore à tous ses apôtres cette nuit-là. D'après saint Luc, ce fut à Béthanie qu'ils le virent pour la dernière fois.

Saint Jean précise que dix apôtres (Thomas étant absent) furent favorisés de l'apparition du soir de Pâques ; le Christ apparut huit jours plus tard à tous les apôtres réunis. Saint Jean raconte aussi comment Jésus apparut à quelques-uns de ses disciples au bord du lac de Tibériade.

Tombe de jardin.

L'ÉGLISE DE JÉRUSALEM

Sept semaines après la Pâque, les apôtres étaient réunis à Jérusalem pour la fête de la Pentecôte (Mai-Juin 30 ap. J.-C.). Avec eux étaient quelques femmes, dont Marie, et les cousins de Jésus. Les *Actes des Apôtres* racontent comment ils furent tout à coup remplis de l'Esprit-Saint et se mirent à parler en différentes langues. Un grand nombre de Juifs de la Dispersion, qui étaient venus à Jérusalem pour la fête, s'assemblèrent pour les voir et les écouter. Tous étaient stupéfaits et émerveillés. Mais certains se moquaient d'eux, croyant qu'ils avaient bu trop de vin.

Pierre, qui avait lâchement renié Jésus la nuit de son arrestation, s'adressa alors courageusement à la foule. Pour la première fois, la Bonne Nouvelle de Jésus-Christ fut prêchée publiquement, et trois mille personnes environ se firent baptiser. C'était la naissance de l'Église.

LES DÉBUTS DE LA PERSÉCUTION

Les premiers chefs et les premiers membres de l'Église restaient des Juifs pieux. Bientôt cependant des difficultés s'élevèrent entre eux et les autorités du temple. Un après-midi, à la porte appelée « la Belle », Pierre guérit au nom de Jésus un impotent qu'on déposait là tous les jours pour demander l'aumône à ceux qui entraient. L'homme les suivit à l'intérieur du temple, gambadant et louant Dieu, et Pierre se mit à prêcher à la foule qui s'était rassemblée. Le commandant du temple fit aussitôt arrêter et emprisonner Pierre et Jean.

Le lendemain, Pierre parla avec assurance devant

Plan et coupe d'une tombe de jardin. Creusée à flanc de colline, on y accédait par des escaliers (A), qui conduisaient à l'ouverture étroite et basse de la tombe. L'ouverture, bouchée d'ordinaire par une pierre, conduisait à une première chambre (B). Dans la deuxième chambre (C) le corps était déposé dans une niche (D).

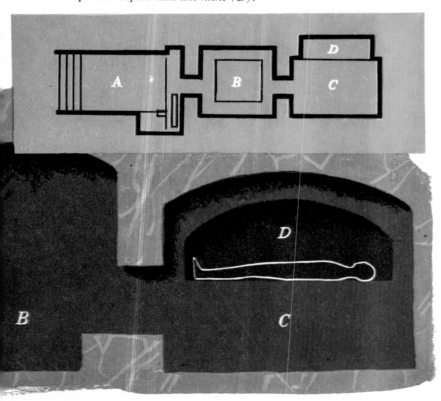

d'autres villes de Judée. Quand Pierre eut été arrêté une seconde fois, il déclara au grand-prêtre : « Nous devons obéir à Dieu plutôt qu'aux hommes. » Sans le savoir, il se séparait ainsi du judaïsme.

Comme le nombre des fidèles de l'Église allait croissant, les apôtres durent nommer des assistants ou diacres. Sept diacres furent choisis parmi les Juifs de langue grecque qui avaient accepté l'Évangile ; l'un d'eux était un homme du nom d'Étienne.

Étienne était un prédicateur intrépide. Sa prédication indisposa certains membres de la communauté juive, et il fut lapidé. Étienne fut le premier martyr chrétien ; sa mort marqua le point de séparation entre le judaïsme et la foi nouvelle.

L'ÉGLISE DE JUDÉE ET DE SAMARIE

La mort d'Étienne fut le signal de violentes persécutions. Mais celles-ci n'eurent pas d'autre effet que la diffusion de l'Évangile. Les disciples durent s'enfuir de Jérusalem, et ils emportèrent avec eux leur nouvelle foi.

Philippe, qui était diacre comme Étienne, se rendit dans une ville de la Samarie. Il guérit et convertit un grand nombre de ses habitants. Puis, voyageant dans le sud, sur la route de Jérusalem à Gaza, Philippe rencontra un haut fonctionnaire de la reine d'Éthiopie, qui s'en retournait dans son pays sur son char. Cet homme semble avoir été un étranger converti au judaïsme ; il lisait en chemin le *Livre d'Isaïe*. Quand Philippe lui eut parlé de Jésus, l'Éthiopien crut et fut baptisé.

Philippe prêcha l'Évangile dans toute la plaine de Saron, sur la côte de la Méditerranée, d'Azot (Ashdod) au sud jusqu'à Césarée au nord. Césarée était une ville de garnison pour les soldats romains, et la résidence des procurateurs romains de Judée.

Quelque temps après, Pierre visita les nouvelles Églises de cette région, notamment celle de Lydda. A Joppé, il reçut un message d'un centurion romain du nom de Corneille, l'invitant à se rendre à Césarée. Pierre y alla, et là il commença à comprendre que Dieu pouvait accepter un païen aussi bien qu'un Juif. Le baptême de Corneille marque une date : ce fut la première fois qu'un non-juif fut accepté comme disciple de Jésus.

le grand-prêtre et les Scribes. Ceux-ci avaient peur de la foule, qui était favorable à Pierre ; aussi relâchèrent-ils les deux hommes, après leur avoir donné un sévère avertissement. Mais Pierre et les autres apôtres refusèrent de garder le silence. Ils continuèrent à prêcher et à guérir les malades, et leur renommée s'étendit, hors de Jérusalem, à

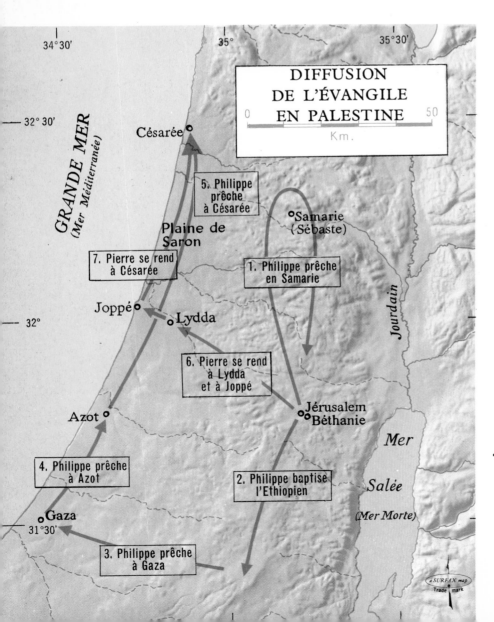

DIFFUSION DE L'ÉVANGILE EN PALESTINE

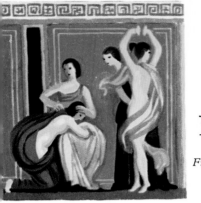

Frise de Pompéi.

LA CONVERSION
DE SAINT PAUL
ET SES PREMIERS VOYAGES

36-52 ap. J.-C.

Vase grec.

Actes, 9, 11-18, I et II Thessaloniciens

L A MORT d'Étienne et la persécution qui s'ensuivit ne permirent pas seulement la diffusion de l'Évangile en Palestine. Elles répandirent la nouvelle foi à Damas, en Phénicie, dans l'île de Chypre, et surtout à Antioche, la capitale du nord. A Antioche, les disciples de Jésus furent appelés « chrétiens » par moquerie.

LA CONVERSION DE SAUL, 36 AP. J.-C.

La mort d'Étienne eut sans doute un autre résultat encore. Parmi ceux qui regardaient la foule le lapider était un jeune Juif de Tarse, nommé Saul (qui devait plus tard prendre le nom de Paul).

Tarse, capitale de la Cilicie en Asie Mineure, était un centre de commerce et de culture grecque. Saul, citoyen romain, avait reçu une éducation grecque et étudiait alors à Jérusalem la religion de ses pères. En tant que Pharisien, il n'avait pas de sympathie pour Étienne, et il se lança immédiatement dans la persécution des Chrétiens avec le plus grand zèle et la plus grande énergie.

Non content de persécuter les chrétiens à Jérusalem, il partit pour Damas afin de les y persécuter aussi. Cependant le souvenir d'Étienne avait dû troubler Saul. Sur le chemin de Damas, le Christ lui apparut dans une lumière éblouissante qui l'aveugla. Quand il eut recouvré la vue, il fut baptisé, et bientôt il se mit à prêcher dans les synagogues de Damas, proclamant que Jésus était le fils de Dieu. Les Juifs complotèrent de le tuer, mais ses amis l'aidèrent à s'évader, en le descendant dans une corbeille le long des murs de la ville.

Saul se rendit ensuite à Jérusalem, où il rencontra Pierre et aussi Barnabé, chrétien originaire de Chypre. Mais Jérusalem était trop dangereuse pour Saul, et ses amis l'emmenèrent à Césarée, d'où il s'embarqua

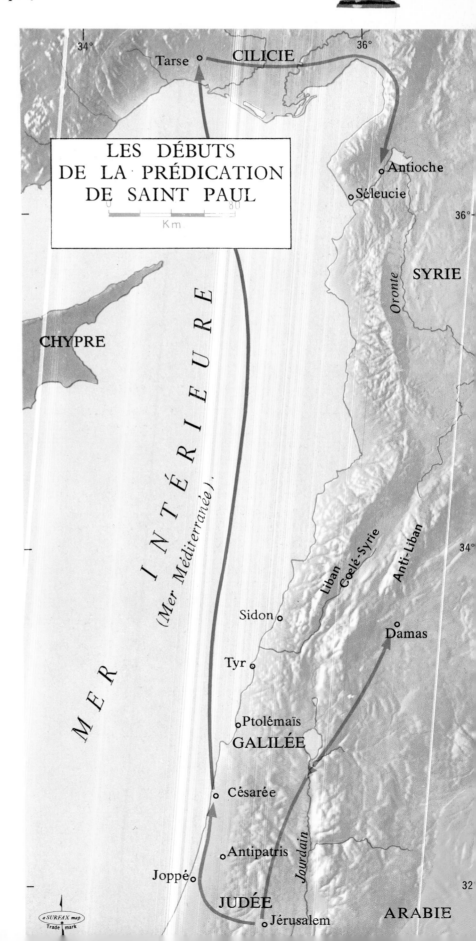

LES DÉBUTS
DE LA PRÉDICATION
DE SAINT PAUL

Km

MER INTÉRIEURE
(Mer Méditerranée)

PREMIÈRE
MISSION
DE SAINT PAUL

0 — 250
Km.

Ils firent voile pour Chypre, débarquèrent à Salamine et se rendirent à Paphos. Ils trouvèrent là le proconsul romain Sergius Paulus, « homme avisé », qui se fit chrétien. Vers cette époque, Saul changea son nom en celui de Paul, peut-être en l'honneur du proconsul.

De Chypre, Paul et Barnabé gagnèrent la Pamphylie. Ils s'arrêtèrent à Pergé, à Antioche de Pisidie et à Iconium. Dans toutes ces villes, ils allaient à la synagogue pour prêcher aux Juifs la nouvelle foi. Quand les Juifs les rejetaient, ils faisaient des convertis parmi les païens.

A Lystres, Paul guérit un impotent, et les Grecs saluèrent Paul et Barnabé comme des dieux. Ils croyaient que Barnabé était Zeus et que Paul, son porte-parole, était Hermès. Cependant les Juifs chassèrent les missionnaires hors de la ville, et ils se rendirent à Derbé.

Ensuite Paul et Barnabé revinrent sur leurs pas. A Attalie, ils prirent un bateau pour Antioche, et là ils rapportèrent à l'Église comment Dieu « avait ouvert aux païens la porte de la foi. »

Une des questions les plus importantes pour l'Église primitive était celle de savoir si un païen pouvait devenir chrétien sans devenir également juif et être circoncis conformément à la loi de Moïse. Pour régler cette question, Barnabé, Paul et le jeune disciple de Paul, Tite, Grec non circoncis, montèrent d'Antioche à Jérusalem. Ils y rencontrèrent les « piliers » de l'Église, et, après une longue discussion, il fut décidé que les païens qui devenaient chrétiens n'avaient pas besoin de devenir juifs également. Mais beaucoup de chrétiens d'origine juive furent mécontents de cette décision et eurent du mal à l'accepter. Plus tard, comme Pierre avait refusé de manger avec des païens convertis, Paul lui adressa publiquement une remontrance.

LA DEUXIÈME MISSION, 49-52 AP. J.-C.

De retour à Antioche, Paul et Barnabé se préparèrent pour un autre voyage. Mais ils ne purent se mettre d'accord sur le choix du compagnon qu'ils emmèneraient avec eux. Les deux hommes se séparèrent donc. Barnabé s'embarqua pour Chypre, et Paul partit par voie de terre pour visiter les Églises d'Asie Mineure qu'il avait fondées avec Barnabé.

Silas partit avec Paul. A Lystres, un troisième disciple, Timothée, se joignit à eux. Quand ils furent

pour Tarse. Barnabé alla à Antioche et trouva tant de travail à faire qu'il s'en fut chercher Saul pour l'aider.

Sur ces entrefaites, l'Église de Jérusalem traversait à nouveau une épreuve. Le jeune empereur romain Caligula avait donné la Galilée et la Pérée à son ami Agrippa. Quelques années plus tard, l'empereur Claude donna également à Agrippa la province de Judée et le titre de roi. Agrippa était un petit-fils de cet Hérode sous le règne duquel Jésus était né. Il désirait gagner la faveur des Juifs. Pour cela, il se mit à persécuter les chrétiens. Il fit décapiter Jacques, frère de Jean; il fit emprisonner Pierre, mais celui-ci s'échappa miraculeusement de sa prison. Toutefois Agrippa ne devait pas tarder à tomber malade et à mourir (44 ap. J.-C.).

LA PREMIÈRE MISSION, 45-48 AP. J.-C.

Pendant ce temps, Saul et Barnabé avaient fait de nombreux convertis à Antioche. Au bout d'un an, l'Église y était si bien établie que les deux apôtres décidèrent d'aller porter ailleurs la Bonne Nouvelle.

arrivés au port de Troas, Paul décida de prêcher l'Évangile en Grèce, et ils traversèrent la Mer Égée pour se rendre en Macédoine. Grâce à ce voyage, le christianisme se répandit d'Asie en Europe.

A Philippes, la première grande ville où ils prêchèrent, Paul et ses compagnons furent battus de verges et jetés en prison, mais ensuite relâchés quand les autorités apprirent qu'ils étaient citoyens romains. Dans la ville suivante, Thessalonique, la même histoire se renouvela. Ils prêchèrent dans la synagogue, mais furent chassés de la ville par certains des Juifs que leur message scandalisait. A Bérée, les Juifs furent plus accueillants, et Silas et Timothée purent rester là, tandis que Paul partait pour Athènes.

· Ce fut sur l'Aréopage — la colline d'Arès, en face de l'Acropole — que Paul fit aux Athéniens son fameux discours sur « le Dieu inconnu ». Mais il n'eut pas beaucoup de succès à Athènes et partit bientôt pour Corinthe où il resta un an et demi. A Corinthe, il prêchait chaque Sabbat et travaillait en exerçant le métier qui était le sien : celui de fabricant de tentes. Pendant son séjour dans cette grande ville, il écrivit deux fois aux Thessaloniciens

Le mot « acropole » signifie « ville haute ». Sur l'Acropole d'Athènes s'élevaient de nombreux monuments. De belles ruines subsistent encore.

(50-51 ap. J.-C.), leur disant de travailler au lieu d'attendre dans l'oisiveté la fin du monde.

De Corinthe, Paul s'embarqua pour Ephèse, sur la côte d'Asie Mineure ; il n'y resta que peu de temps, mais promit d'y revenir. D'Ephèse, il se rendit à Césarée, puis alla rendre compte de sa mission à Jérusalem, et enfin rentra à Antioche.

DEUXIÈME MISSION DE SAINT PAUL

LES DERNIERS VOYAGES
DE SAINT PAUL

53-63 ap. J.-C.

Actes 19-29, Galates, I et II Corinthiens,
Romains, Philippiens, Colossiens, Philémon

PAUL passa quelque temps à Antioche. Puis il décida de visiter une fois encore les communautés chrétiennes qu'il avait fondées.

LA TROISIÈME MISSION : EPHÈSE ET LA GRÈCE

Traversant la Galatie et la Phrygie (53 ap. J.-C.), Paul se rendit à Ephèse, où il avait promis de revenir.

Paul séjourna deux ans et trois mois à Ephèse (54-57 ap. J.-C.). A Ephèse s'élevait l'une des sept merveilles du monde antique, le magnifique temple de la déesse Artémis, qui attirait de nombreux pèlerins et visiteurs.

Comme d'habitude, Paul commença à prêcher dans la synagogue. Puis il trouva un lieu de réunion où il pouvait parler à la fois aux Juifs et aux païens. Des groupes de chrétiens furent constitués non seulement à Ephèse, mais dans maintes villes voisines.

Les années passées à Ephèse semblent avoir été pour Paul des années de grande souffrance, tant physique que morale. Aux autres difficultés s'ajoutait le fait que des ennemis travaillaient contre lui dans les Églises de Galatie et de Corinthe. Il écrivit une lettre aux Galates, leur recommandant d'être charitables. Aux Corinthiens, il écrivit une première lettre, aujourd'hui perdue. Au printemps de l'année 57, il leur écrivit une nouvelle lettre (*I Corinthiens*).

Le séjour de Paul à Ephèse se termina par une émeute. Les orfèvres de la ville craignaient que sa prédication contre les idoles ne leur enlevât leur travail, qui consistait à fabriquer des temples d'Artémis en argent. Ils ameutèrent la foule qui se mit à crier pendant deux heures : « Grande est l'Artémis des Ephésiens ! » Enfin un des chefs de la ville calma la foule et l'émeute prit fin sans incident.

Après l'émeute, l'opinion publique à Ephèse n'était plus favorable. Au cours de l'été ou de l'automne 57, Paul partit pour la Grèce.

Il passa en Macédoine, et de là écrivit aux Corinthiens une lettre sévère (actuellement *II Corinthiens*, 10-13), et, bientôt après, une lettre amicale (actuellement *II Corinthiens*, 1-9). Il séjourna ensuite à Corinthe durant l'hiver 57-58.

Paul commençait à songer à aller à Rome, et il envoya aux chrétiens de là-bas une lettre qui est une des meilleures explications qui aient jamais été données de la foi chrétienne. Mais il voulait d'abord retourner à Jérusalem. Il prit donc la mer

Ruines du temple d'Apollon à Corinthe, en Grèce. Corinthe était, au temps de saint Paul, la capitale de la province romaine d'Achaïe

au printemps 58, s'arrêtant à Milet pour faire ses adieux aux anciens de l'Église d'Ephèse, qu'il ne comptait plus revoir.

Le bateau aborda à Tyr pour décharger sa cargaison, et Paul fit le reste du voyage par voie de terre, s'arrêtant à Ptolémaïs et à Césarée. Bien que des amis

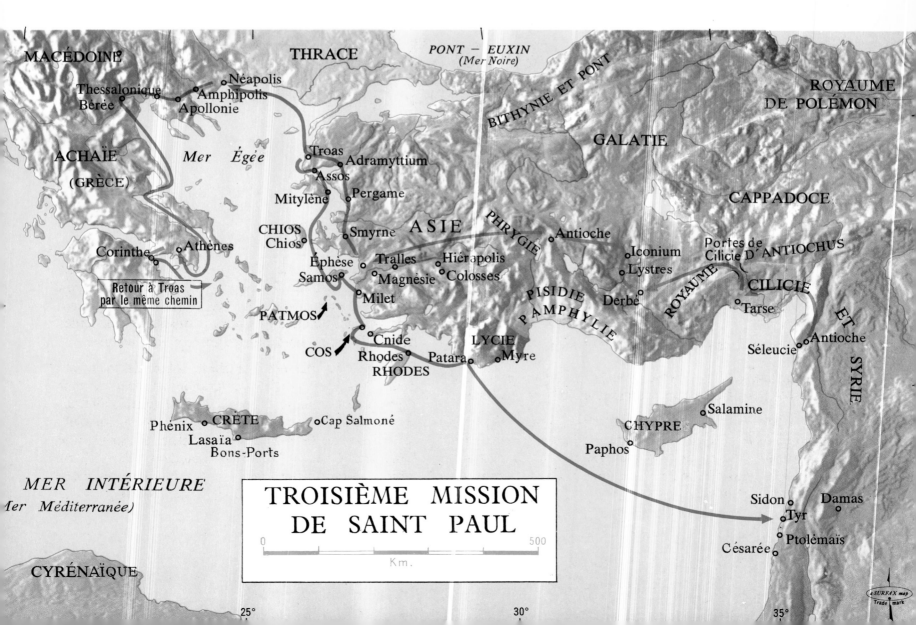

TROISIÈME MISSION DE SAINT PAUL

Sur la carte :

Rome
Trois Tavernes
Forum d'Appius
Puteoli
ITALIE
MACÉDOINE
Philippes
Néapolis
Thessalonique
Bérée
Apollonie
Troas
Assos
Mitylène
Chios
Smyrne
Corinthe
Cenchrées
Athènes
Samos
Rhegium
SICILE
Syracuse
MER MÉDITERRANÉE
Malte
ACHAÏE
CRÈTE
Cauda
MER NOIRE
BITHYNIE
GALATIE
Dorylée
CAPPADOCE
Adramyttium
Pergame
ASIE
Antioche
Éphèse
Magnésie
Colosses
LYCIE
Attalie
Pergé
PAMPHYLIE
Milet
Cos
Rhodes
Patara
Myre
Salamine
CHYPRE
Paphos
Derbé
Tarse
CILICIE
Séleucie
Damas
Sidon
Tyr
Ptolémaïs
Césarée
Antipatris
Joppé
Jérusalem

LES VOYAGES DE SAINT PAUL
DÉBUTS DE LA PRÉDICATION
PREMIÈRE MISSION
DEUXIÈME MISSION
TROISIÈME MISSION
VOYAGE DE CAPTIVITÉ

PAULO
APOSTOLOMART...

Plaque de marbre recouvrant le tombeau de saint Paul, à Rome

l'eussent averti qu'il risquait sa vie, Paul monta délibérément à Jérusalem.

L'ARRESTATION DANS LE TEMPLE. 58 AP. J.-C.

C'était la fête de la Pentecôte, important moment de la vie religieuse, où les Juifs de l'étranger retournaient en Terre Sainte. Parmi ces pèlerins se trouvaient des Juifs d'Ephèse. Ceux-ci avaient vu Paul dans les rues de la ville, en compagnie de Trophime, Grec d'Ephèse non circoncis. Quand ils aperçurent Paul dans le temple, ils furent persuadés qu'il y avait introduit Trophime. D'après la loi juive, un tel acte était extrêmement grave : il ne pouvait qu'être puni de mort.

Les Ephésiens ameutèrent la foule, qui traîna Paul hors du temple dans l'intention de le mettre à mort. Le tribun romain Claudius Lysias intervint pour le protéger et lui permit de s'adresser au peuple.

Mais le peuple ne voulut pas l'écouter, et le tribun embarrassé dut faire enfermer Paul pour la nuit dans la forteresse Antonia.

Le lendemain, le tribun fit comparaître Paul devant les grands-prêtres et le Sanhédrin. Une dispute éclata à son sujet entre les membres de l'assemblée. Le tribun ayant eu connaissance d'un nouveau complot contre Paul le fit conduire sous bonne garde au gouverneur romain Antonius Félix à Césarée.

Félix était assez au courant de la foi chrétienne et il se montra bienveillant envers Paul, mais il ne voulait pas faire de peine aux Juifs en le relâchant. Aussi, deux ans plus tard, quand Porcius Festus lui succéda comme gouverneur, Paul était toujours prisonnier.

Festus offrit à Paul de l'envoyer à Jérusalem pour y être jugé. Mais, en tant que citoyen romain, Paul revendiqua le droit d'être jugé devant l'empereur à Rome. A ce moment-là, le roi Agrippa II de Chalcis et sa sœur Bérénice vinrent rendre visite à Festus, qui se demandait ce qu'il écrirait à l'empereur sur le compte de Paul. Festus fit donc comparaître Paul devant ses royaux visiteurs. Paul parla si brillamment que, malgré lui, Agrippa fut profondément impressionné. Il convint avec Festus que, si Paul n'en avait pas appelé à Rome, il aurait pu être relâché.

LE VOYAGE A ROME, 60-61 AP. J.-C.

Avec d'autres prisonniers, Paul fut remis à la garde d'un centurion nommé Julius. Ils embarquèrent sur un bateau à destination d'Adramyttium, port d'Asie Mineure. Après avoir fait escale à Sidon, ils passèrent près de Chypre et débarquèrent à Myre. Là ils prirent un bateau d'Alexandrie en partance pour l'Italie.

Au début, faute de vent, la navigation fut lente. Ils longèrent la côte jusqu'à Cnide, puis prirent la direction du sud et s'arrêtèrent à Bons-Ports, en Crète. L'endroit n'était pas bien abrité, et la saison d'hiver était commencée. Le capitaine du bateau mit à la voile pour gagner Phénix, où il comptait passer l'hiver. C'est alors qu'un terrible vent d'ouragan, venant de l'île, se mit à souffler. Pendant treize jours le petit navire fut entraîné à la dérive sur les flots. Le quatorzième jour, cependant, il

s'échoua sur une plage. Une fois parvenus au rivage, les passagers et l'équipage apprirent qu'ils étaient dans l'île de Malte.

Trois mois plus tard, ils prirent la mer sur un autre navire, le « Castor et Pollux ». Ils abordèrent à Syracuse, en Sicile, et à Rhegium, à l'extrêmité sud de l'Italie. De Rhegium, un bon vent du sud les conduisit directement à Puteoli, dans le golfe de Naples.

La nouvelle de l'arrivée de Paul s'était déjà répandue parmi les chrétiens de Rome. Comme Paul et ses compagnons approchaient de la ville, les chrétiens vinrent à leur rencontre sur la voie Appienne, jusqu'au Forum d'Appius et aux Trois-Tavernes.

Paul entra à Rome en février 61. En attendant d'être jugé devant le tribunal de Néron, il vécut là pendant deux ans au moins, dans une maison qu'il avait louée. C'est de Rome qu'il écrivit une lettre aux Ephésiens, une autre aux Colossiens de Phrygie, et enfin un court billet à son ami Philémon. Bien qu'il fût gardé par un soldat, il jouissait d'une certaine liberté. Dans la capitale du monde, il « recevait tous ceux qui venaient de trouver, proclamant le Royaume de Dieu et enseignant ce qui concerne le Seigneur Jésus-Christ tout à fait ouvertement et sans obstacle ».

La Voie Appienne, partant de Rome en direction de la Grèce et de l'Orient, avait 500 km de long. Elle était faite de blocs de pierre qui étaient cimentés ensemble

L'ÉGLISE A LA FIN DU PREMIER SIÈCLE

Décorations des catacombes

63-100 ap. J.-C.

I et II Timothée, Tite, Hébreux, Jacques,
I Pierre, I-III Jean, Jude, Apocalypse

LES *Actes des Apôtres* se terminent avec la prédication de Paul à Rome. Pierre y fut crucifié en 64, quand l'empereur Néron persécutait les chrétiens.

Il est plus probable que Paul fut libéré et fit encore au moins deux autres voyages de mission. L'un de ceux-ci dut être en Espagne, et l'autre en Orient, à Ephèse, en Macédoine et en Crète. Certains des courts billets de Paul à Timothée et à Tite, ses disciples, ont pu être écrits vers 65-67. Ils furent conservés par la suite dans les plus longues épîtres à Timothée et à Tite, qu'on a coutume d'appeler Épîtres Pastorales.

LA DESTRUCTION DE JÉRUSALEM

Tandis que Paul portait avec ardeur l'Évangile aux païens, des troubles se préparaient à Jérusalem. L'aristocratie juive (les Sadducéens et les grands-prêtres), les Docteurs de la Loi (Scribes) et les Pharisiens avaient fini par accepter la domination romaine. Mais les Zélotes, eux, ne se laissaient pas gagner. En 66, il y eut une révolte générale.

Le général romain Vespasien, puis son fils Titus, écrasèrent la révolte avec toute la dureté de l'armée romaine. En 70, Jérusalem fut prise et le temple incendié. Le judaïsme survécut dans les synagogues, mais il n'avait plus son centre dans un sanctuaire unique. La Dispersion était cette fois complète.

LA DIFFUSION DU CHRISTIANISME

Empire Romain

Régions où se rencontrent
des Chrétiens en 180

LE DÉVELOPPEMENT DE L'ÉGLISE
70-100 AP. J.-C.

La communauté juive chrétienne avait quitté Jérusalem au commencement de la révolte de 66, pour se rendre à Pella en Transjordanie. Pour les chrétiens, comme pour les Juifs, la destruction du temple fut un événement important. Elle marqua la séparation définitive entre le judaïsme et le christianisme.

Il n'existe pratiquement pas de renseignements sur la diffusion de l'Évangile autour de la Méditerranée dans la seconde moitié du premier siècle. Les grands centres chrétiens étaient Alexandrie, Antioche et Ephèse en Orient, Corinthe en Grèce, et Rome en Italie. D'après la *Première Épître de saint Pierre*, il y avait même des communautés chrétiennes florissantes en Bithynie, en Cappadoce et dans le Pont. Vers la fin du premier siècle de notre ère, l'Évangile avait été prêché en Afrique du Nord, en Espagne et en Gaule.

Les chrétiens se sentaient unis. Ils se considéraient comme le « reste » annoncé jadis par le prophète Isaïe. Comme les Hébreux du temps de Moïse, ces hommes et ces femmes sentaient qu'ils étaient « un peuple choisi, une nation sainte ». Leur mission était de « proclamer la puissance de Celui qui les avait appelés des ténèbres à sa merveilleuse lumière ».

LE LIVRE DE L'APOCALYPSE

Sous les empereurs romains, une telle mission demandait du courage. Quiconque se faisait chrétien risquait la torture et la mort. C'est en considération de cela que saint Jean écrivit de l'île de Patmos aux sept Églises d'Asie Mineure. Prisonnier lui-même, il les réconfortait par sa prophétie de la chute de « Babylone » (Rome), et sa vision de la Jérusalem Nouvelle, où Dieu habiterait avec les hommes et où la mort n'existerait plus.

L'Arbre de Vie du Jardin d'Éden, d'où l'homme fut chassé, devient « l'arbre » du Golgotha, puis à nouveau l'arbre de vie dont « les feuilles sont pour la guérison des nations ».

LES DEUX TESTAMENTS

Les livres du Nouveau Testament datent probablement des années 50 à 95 de notre ère. Peu à peu les chrétiens du premier siècle se mirent à rassembler certains textes qu'ils lisaient dans leurs

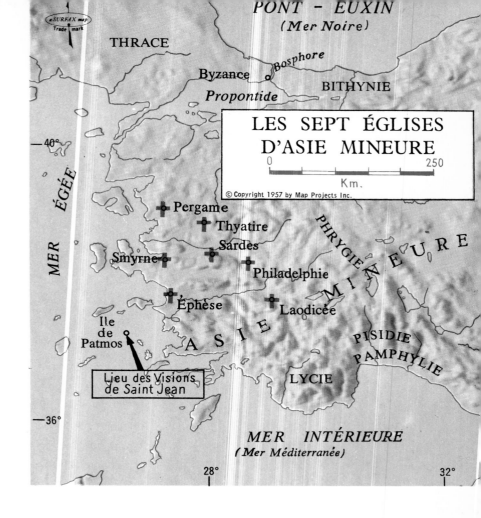

assemblées. Ils recueillirent d'abord les épîtres de saint Paul. Puis ils écrivirent tout ce qu'ils pouvaient se rappeler sur la vie et les enseignements de Jésus, ainsi que sur l'Église primitive de Jérusalem. Ce furent les évangiles et les *Actes des Apôtres*. Quelques autres textes furent groupés avec eux, et le tout fut ajouté aux Septante, la traduction grecque de l'Ancien Testament hébreu.

L'Ancien Testament est beaucoup plus ancien que le Nouveau. Les cinq premiers livres, le Pentateuque, furent probablement écrits entre 1000 et 397 av. J.-C. Les Juifs appellent ces cinq livres la « Loi ».

La deuxième grande partie de l'Ancien Testament, les « Prophètes », a été mise par écrit à des dates diverses. Ce groupe de livres comprend *Josué*, les *Juges*, *Samuel* et les *Rois*, aussi bien que les textes prophétiques.

La Bible comprend en outre les *Psaumes*, les *Proverbes*, *Job*, le *Cantique des Cantiques*, *Ruth*, les *Lamentations*, l'*Ecclésiaste*, *Esther*, *Daniel*, *Esdras*, *Néhémie*, les *Chroniques*, *Tobie*, *Judith*, les *Macchabées*, la *Sagesse*, l'*Ecclésiastique*. Ces ouvrages trouvèrent place, eux aussi, dans la Bible chrétienne.

81

LA REDÉCOUVERTE DES CITÉS BIBLIQUES

JUSQU'A L'ÉPOQUE MODERNE, on ne connaissait presque rien des pays et des peuples de la Bible, en dehors de ce qu'en disait la Bible elle-même. Une bonne partie des anciennes cités avaient disparu.

Le premier pas vers la redécouverte de ce monde perdu fut fait par Bonaparte. Lors de sa campagne militaire d'Égypte (1798), il s'adjoignit en effet toute une équipe d'artistes et de savants qui devaient étudier les temples et les monuments de la vallée du Nil. L'expédition française découvrit la fameuse « pierre de Rosette », qui permit à Champollion, en 1822, de déchiffrer les hiéroglyphes égyptiens.

En 1857, trois autres hommes avaient percé le mystère de l'écriture cunéiforme (« en forme de coin ») utilisée par les anciens habitants de la Mésopotamie. Les savants pouvaient désormais lire

nombre d'inscriptions et de documents qui jetaient de la lumière sur les temps bibliques.

LES FOUILLES ET L'EXPLORATION DU PASSÉ

Nous avons beaucoup appris également sur les villes palestiniennes disparues grâce aux fouilles archéologiques. Cependant, avant d'être mis à jour, ces lieux devaient être découverts. Parfois les sites pouvaient être reconnus d'après les noms des villages arabes modernes bâtis à proximité.

Un Américain, E. Robinson, fut le pionnier de la géographie biblique moderne. Voyageant à pied et à cheval, en 1838 et 1852, il détermina la place de centaines de localités bibliques. Son travail fut poursuivi par des savants américains, français, anglais et allemands. Au cours de ces dernières années, de nombreux sites ont encore été découverts, en particulier dans la vallée du Jourdain, en Transjordanie et dans le Négeb.

Certaines des villes avaient été détruites et reconstruites plusieurs fois. Les nouveaux constructeurs ne dégageaient pas les cendres, la saleté et les ruines de l'ancienne ville : ils bâtissaient tout simplement la nouvelle par-dessus. Le résultat était la formation d'un monticule, haut parfois d'une trentaine de mètres.

En creusant à un tel endroit, les archéologues peuvent déblayer le monticule couche par couche. Ou bien, plus souvent, ils pratiquent des tranchées en des points soigneusement choisis, et obtiennent ainsi une coupe des différentes villes construites sur le site.

D'ordinaire, les ruines supérieures sont celles de la ville turque ou arabe, bâtie depuis le XIIIe siècle. Au-dessous se trouvent des ruines qui datent du temps des Croisades (XIe au XIIIe siècle) ; et au-dessous sont les ruines de la ville durant la période byzantine (IVe au VIIIe siècle). Puis, plus bas, et donc plus loin dans le temps, on découvre successivement les traces des différentes occupations : romaine, maccha-béenne, hellénistique, perse, néo-babylonienne, israé-lite et enfin cananéenne.

Dans quelques villes, on atteint des niveaux profonds qui attestent l'existence de populations plus anciennes que les Cananéens. A Jéricho, qui est sans doute la plus vieille ville de Palestine, il y a même des traces d'homme préhistorique. Enfin,

HACHE DE BRONZE
BET-SHAN

Tell Hum
CAPHARNAÜM

Tell Abu
Huwam

Athlit

Sheikh
Abreiq

Ouadi
el-Magharat

Tell el-Mutesellim
MEGIDDO

Khudeirah

Tell el-Hosn
BET-SHAN

CHEVAL EN TERRE CUITE
AVEC CHAPEAU DE PAILLE
QASIL

Jérash
GERASA

Sebastiyé
SAMARIE

Balata
SICHEM

Khirbet el-Mefjer

BIJOU EN OR
TELL EL-AJJUL

Tell Nasbé

Tell Qasil

Beïtin
BÉTHEL

et-Tell
AÏ

Tell es-Sultan
JÉRICHO

ANNEAU DE POTERIE
A COMPARTIMENTS
MEGIDDO

Tell el-Fûl
GIBÉA

JÉRUSALEM

Khirbet Qumrân

Tell Jezer
GÉZER

Tell er-Rumeileh
BET-SHÉMESH

Askalon
ASCALON

Tell ed-Duweir
LAKISH

Tell Beit Mirsim
DEBIR

Khirbet et-Tubeigeh, BET-ÇUR

EMPREINTE DE CACHET
DEBIR

GAZA

Tell el-Ajjul

Tell Jemmeh

FLACON A PARFUM
EN IVOIRE

Tell el-Farah
SHARUHEN

JATTE D'ARGENT
TELL EL-FARAH

Teleilat
Ghassul

VASE DE POTERIE
JÉRICHO

FOUILLES ARCHÉOLOGIQUES EN PALESTINE

Bronze Ancien

Bronze Moyen

Bronze Récent

Age du Fer I

Age du Fer II

quel que soit le site, les fouilleurs atteignent le sol vierge ou l'assise rocheuse. Ils savent alors qu'ils sont parvenus au début de l'occupation humaine dans ce lieu particulier.

COMMENT DATE-T-ON LES RUINES ?

Dans chaque couche d'une cité enfouie, maintes choses sont découvertes. Il y a des morceaux de pots cassés, des statues, des bijoux, et des objets de la vie courante. De tout cela, les archéologues peuvent tirer quantité de renseignements sur les hommes qui ont vécu là.

Les morceaux de poterie sont particulièrement importants. La forme de l'anse et du col d'une cruche, le genre d'argile utilisée, le procédé de cuisson, la peinture ou le vernis extérieur, tous ces détails sont différents pour chaque période. Les savants sont capables de dire avec une grande précision quand un fragment de poterie a été fabriqué. Cette observation permet de dater la couche dans laquelle il a été trouvé.

Les spécialistes ont appris, par exemple, que la ville de Megiddo (l'actuel Tell el-Mutesellim) a été prise, détruite et rebâtie dix-neuf fois depuis 3500 av. J.-C. Vingt couches de ruines se trouvent là, entre des couches de cendres et de débris. Megiddo était située sur une voie de passage entre la plaine côtière de Saron et la vallée d'Esdrelon (Yizréel) au sud-est du Mont Carmel. Elle occupait une position-clé dans le Croissant Fertile et était une proie souvent disputée. Il est dès lors facile de comprendre pourquoi le nom de « Har-Megiddo » (Montagne de Megiddo) fut le nom choisi pour désigner dans l'*Apocalypse* la dernière bataille sanglante de l'histoire : « Harmagedon ».

On peut encore dater les ruines d'après les pierres des murs et des édifices. Les tailleurs de pierre et les maçons de différentes périodes utilisaient des outils et des procédés de taille différents. Ainsi un angle d'édifice qui peut être identifié comme la forteresse de Saül fut dégagé sur l'emplacement de Gibéa (Tell el Fûl). Dans la plus vieille partie de Jérusalem, des vestiges des anciennes murailles ont été mis à jour. Certains appartiennent au château jébuséen de l'époque cananéenne ; certains correspondent à des réparations et des agrandissements de David et de Salomon. Une partie du mur de Néhémie a été découverte ; il y a enfin les murs qui ont été construits par le roi Hérode sous le règne duquel naquit Jésus. A partir de ces anciens murs et édifices, des dessins et des maquettes ont été faits qui montrent à quoi ont dû ressembler plusieurs anciennes villes de Palestine.

LES INSCRIPTIONS DE PALESTINE

On a trouvé également des inscriptions qui nous renseignent sur la vie aux temps bibliques. Par exemple, un calendrier rédigé quelques années après la mort de Salomon a été trouvé à Gézer (Tell Jezer). C'était une espèce d'almanach paysan, indiquant le moment propice aux travaux de différentes cultures : oliviers, orge, lin, vigne et arbres fruitiers. La stèle de Mésa, roi de Moab, conservée au Musée du Louvre, raconte les démêlés de ce souverain avec Israël, vers 850 av. J.-C.

Il y a aussi l'inscription de Siloé, que l'on a trouvée gravée sur le rocher, à la sortie du canal que le roi Ezéchias (715-687 av. J.-C.) avait fait creuser pour amener les eaux de Gihon à la piscine de Siloé, à l'intérieur de Jérusalem. Cette inscription raconte comment deux équipes d'ouvriers, partis des deux extrémités de la colline, creusèrent le rocher et se rencontrèrent sous terre, « pic contre pic ». Il en existe un moulage au Musée du Louvre.

Des lettres écrites sur des tessons de poterie ont été trouvées à Lakish (Tell ed-Duweir). Ces lettres avaient probablement été envoyées de Jérusalem, alors assiégée par les Babyloniens, à Lakish, juste avant la prise de Jérusalem, en 586 av. J.-C.

LES MANUSCRITS DE LA MER MORTE

Jusqu'à une époque récente, les manuscrits de l'Ancien Testament d'où étaient traduites les Bibles modernes étaient des copies tardives. Les plus anciens textes hébreux connus de l'Ancien Testament étaient des manuscrits juifs du Moyen Age, dont aucun n'était antérieur au xe siècle de notre ère.

Mais, à l'époque moderne, des fragments de manuscrits plus anciens ont été découverts, notamment au Caire, en Égypte. Depuis 1947, des trouvailles sensationnelles ont été faites dans les grottes du Ouadi Qumrân, près de la Mer Morte. Il y avait, entre autres rouleaux, des exemplaires hébreux du *Livre d'Isaïe,* qui peuvent dater du 1er siècle av. J.-C. On découvrit en outre des milliers de fragments d'autres livres de l'Ancien Testament, que les savants sont actuellement en train d'étudier.

L'archéologie biblique a déjà rapporté une riche moisson. Dans les années à venir, on peut s'attendre à ce qu'elle nous en apprenne encore davantage sur les anciens Hébreux et les premiers chrétiens.

Calendrier de Gézer

Stèle de Mésa

Lettres de Lakish

Inscription de Siloé

LES SANCTUAIRES DE TERRE SAINTE

LE PAYS de la Bible est aujourd'hui une « Terre Sainte » pour le judaïsme, le christianisme et l'Islam. Tous y ont des sanctuaires. Les monuments juifs sont les moins nombreux. Comme le temple, la plupart d'entre eux ont été détruits par la guerre. Après la chute de Jérusalem en 70 de notre ère et la répression de la dernière révolte juive conduite par Bar Kokéba en 135, la plupart des Juifs qui demeuraient en Palestine allèrent vivre en Galilée. Pendant plusieurs siècles ils conservèrent un centre d'étude à Tibériade. La synagogue de Capharnaüm date du second siècle ap. J.-C. A Jérusalem une partie du mur qui soutenait l'esplanade du temps est encore debout. Connu sous le nom de « Mur des Pleurs », il a été bâti au temps d'Hérode.

PREMIERS SANCTUAIRES CHRÉTIENS

Quand l'empereur Constantin eut accordé la liberté religieuse aux chrétiens de son empire (313 ap. J.-C.), beaucoup d'hommes et de femmes se rendirent en Palestine pour vivre et mourir près des « lieux saints ». Des sanctuaires furent élevés en l'honneur du Christ par Constantin lui-même, par sa mère Hélène, par l'impératrice Eudocie, au Ve siècle de notre ère, et par l'empereur Justinien qui mourut en 565 ap. J.-C.

Cette période est appelée l'époque byzantine, du nom de Byzance (Constantinople) où ces empereurs avaient leur capitale. A Bethléem, la Basilique de la Nativité subsiste encore, et les ruines d'autres églises byzantines ont été découvertes à Jérusalem, Béthanie, Emmaüs, Nazareth et Cana. La plupart d'entre elles ont été brûlées au VIIe siècle.

SANCTUAIRES MUSULMANS

Comme l'Islam partage quelques croyances du judaïsme et du christianisme, la Palestine est aussi une « Terre Sainte » pour les Musulmans. Un des plus importants sanctuaires musulmans est la Mosquée d'Omar à Jérusalem.

L'aire d'Ornan, achetée par David pour l'autel du Seigneur, a eu une curieuse histoire. Le temple de Salomon et les deux temples postérieurs furent construits sur cet emplacement. En 135 ap. J.-C. l'empereur Hadrien bâtit là un temple à Jupiter. Quand la nouvelle religion de Mahomet se répandit dans le Proche-Orient, le calife Omar choisit cette roche sacrée pour en faire le site d'une mosquée.

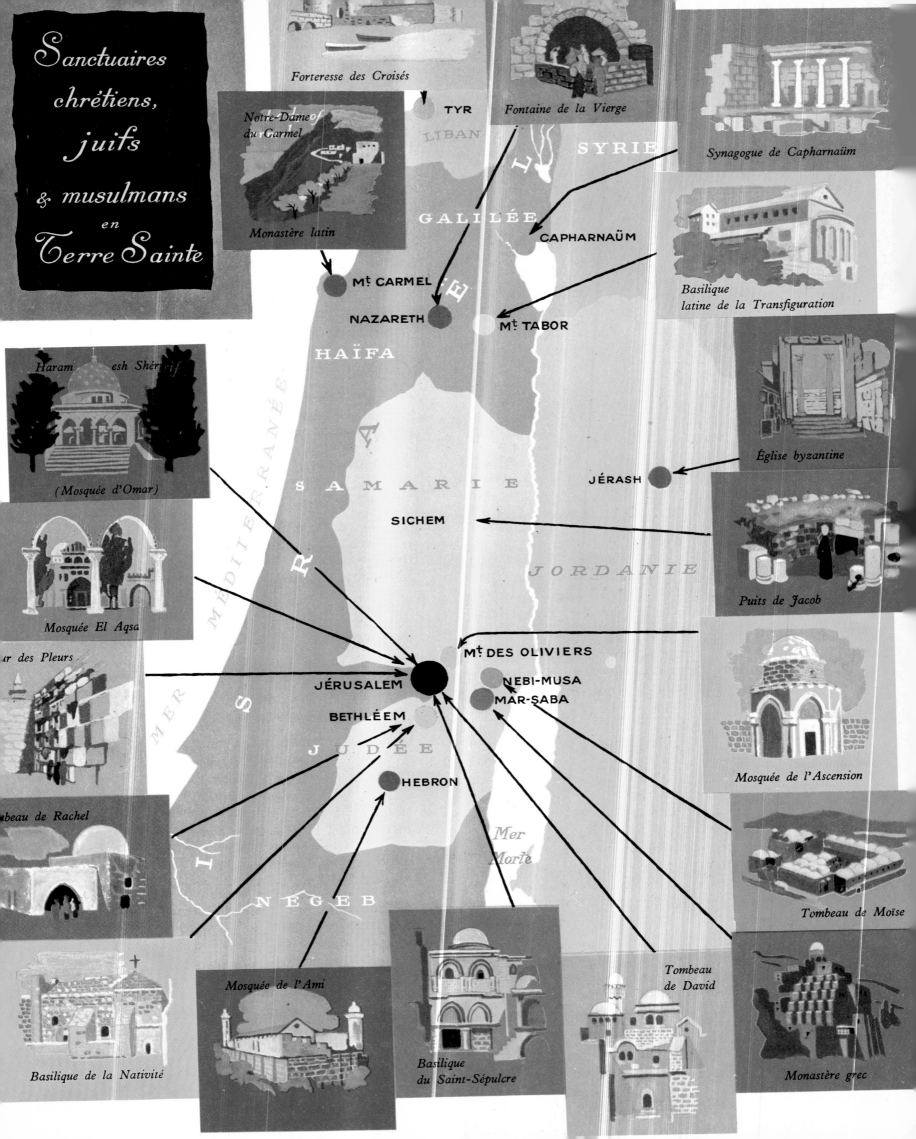

Sanctuaires chrétiens, juifs & musulmans en Terre Sainte

Forteresse des Croisés

Notre-Dame du Carmel

Monastère latin

Fontaine de la Vierge

TYR

LIBAN

SYRIE

GALILÉE

CAPHARNAÜM

Synagogue de Capharnaüm

Basilique latine de la Transfiguration

Mt CARMEL

NAZARETH

Mt TABOR

HAÏFA

Haram esh Shérif

(Mosquée d'Omar)

Église byzantine

SAMARIE

JÉRASH

SICHEM

JORDANIE

Mosquée El Aqsa

MÉDITERRANÉE

Puits de Jacob

ur des Pleurs

Mt DES OLIVIERS

JÉRUSALEM

NEBI-MUSA

MAR-SABA

Mosquée de l'Ascension

BETHLÉEM

beau de Rachel

JUDÉE

HEBRON

Mer Morte

NEGEB

Tombeau de Moïse

Mosquée de l'Ami

Tombeau de David

Basilique de la Nativité

Basilique du Saint-Sépulcre

Monastère grec

Programme de reboisement israélien

Construit au VIIIe siècle, le Dôme de la Roche fut endommagé par un tremblement de terre en 1027, mais il fut ensuite restauré.

Également sacrée pour les musulmans est la mosquée d'Hébron, qui abrite les tombeaux traditionnels d'Abraham, d'Isaac et de Jacob. Le Tombeau de Rachel et le Tombeau de Samuel sont de belles constructions du Moyen Age.

SANCTUAIRES CHRÉTIENS PLUS RÉCENTS

Pendant près d'un siècle (1099 à 1187), les Croisés occupèrent la Terre Sainte. Ils construisirent l'actuelle Basilique du Saint-Sépulcre à Jérusalem. L'église des Croisés a reçu, hélas, de nombreuses additions maladroites, construites à l'usage de diverses confessions chrétiennes.

Beaucoup d'autres églises ont été édifiées en Palestine par les ordres monastiques romains et grecs orthodoxes au cours du Moyen Age et à une époque

Barrage sur le Jourdain

plus récente. Plusieurs sont à l'intérieur de Jérusalem ou tout près de la ville. Une des plus intéressantes est le petit pavillon, aujourd'hui mosquée, de l'Église de l'Ascension, bâtie par les Croisés sur le Mont des Oliviers.

LA PALESTINE D'AUJOURD'HUI

Le Royaume des Chevaliers Francs fut détruit en 1187, quand les Saracènes, sous le commandement de Saladin, défirent l'armée des Croisés à Hattîn près de Tibériade. Depuis lors, la Terre Sainte a été conquise par d'autres envahisseurs encore, notamment les Mongols et les Turcs. Un sultan turc, Soliman le Magnifique, construisit au XVIe siècle les murailles actuelles de Jérusalem.

A partir de l'invasion des Perses Sassanides, au VIIe siècle de notre ère, la Palestine fut un pays ruiné. Sous l'occupation turque les arbres furent taxés, et les paysans se mirent à les abattre. La pluie ravina le sol des collines, et des vallées autrefois fertiles devinrent des déserts. Pendant des siècles, la Palestine eut très peu l'air d'être la « Terre Promise » de la Bible.

Cependant, après 1920, les Anglais et les Sionistes lancèrent un programme de récupération qui a été poursuivi depuis 1948 par l'État d'Israël à l'ouest et le Royaume hashémite de Jordanie à l'est.

Le sol est amélioré par l'usage des engrais et par de bonnes méthodes de culture. L'érosion du sol est combattue par des cultures en terrasse et par l'irrigation. Au cours des vingt dernières années, de nouvelles forêts ont été plantées. Actuellement, les premières de ces forêts commencent à produire du bois de construction.

Le pays reprend peu à peu son aspect verdoyant et fertile. Des orangers et des citronniers poussent dans la vallée du Jourdain et dans les plaines d'Esdrelon et de Saron. Le Negeb sec et torride, au sud de l'ancienne ville de Beershéba, est en train d'être irrigué et débarrassé de ses cailloux pour recevoir des plantations. Dans quelques années, « le désert fleurira comme la rose ».

Aujourd'hui encore, les fidèles de trois religions, disséminés dans le monde entier, se tournent vers la Palestine comme vers la Terre Sainte. Ils devraient bien se souvenir des paroles du vieux Psalmiste :

« Priez pour la paix de Jérusalem ! »

Car la paix de la Terre Sainte est compromise actuellement par les conflits territoriaux qui opposent Israël aux pays voisins.

L'agriculture d'Israël moderne est une agriculture variée. Outre les oranges, les figues, les raisins et les olives qui étaient autrefois les ressources essentielles de la Palestine, Israël produit des céréales (blé et orge), des légumes et des bananes. L'élevage des volailles et la production laitière sont également importants. L'exploitation se fait en général sur une base coopérative dans des fermes communales. Les routes sont les principaux moyens de communication ; cependant une ligne de chemin de fer dessert toute la côte.

La plupart des Lieux Saints des trois religions sont situés dans la Vieille Ville de Jérusalem.

Le trait géographique dominant de la Jordanie est le fait qu'elle s'étend tout entière le long de la vallée du Jourdain, la plus profonde dépression du monde. Le pays est, en grande partie, un désert aride, et seule une faible proportion du sol est cultivée. On espère que l'irrigation et le reboisement permettront de lui redonner son ancienne fertilité.

LES PAYS BIBLIQUES DE NOS JOURS

Routes principales

HISTOIRE DE L'ANCIEN TESTAMENT

Époque paléolithique (Age de la pierre ancien) Vers 200.000-25.000 av. J.-C.

Époque mésolithique (Age de la pierre moyen) Vers 25.000-8000 av. J.-C. Débuts de l'agriculture.

Époque néolithique (Age de la pierre récent) Vers 8000-4500 av. J.-C. Emploi généralisé de la poterie

Époque chalcolithique (Age de la pierre et du cuivre) Vers 4500-3000 av. J.-C. Outils de cuivre et de pierre

OUEST	PALESTINE	EST

— 3000 av. J.-C. —

ÉGYPTE	CANAAN	MÉSOPOTAMIE
Époque du		
Bronze Ancien Premières dynasties 3200-2800		Premiers rois sumériens 2800-2400
Ancien Empire 2800-2200		Premiers rois sémites 2400-2200
LES GRANDES PYRAMIDES		*Sargon d'Akkad*
Première période intermédiaire 2200-2000		Renaissance sumérienne 2200-2000
INVASION AMORITE (?)		LES ROIS D'UR

— 2000 av. J.-C. —

Époque du Moyen Empire 2000-1780	Domination égyptienne en Canaan	Royaume amorite de Babylone 2000-1700
Bronze Moyen Seconde période intermédiaire 1780-1550	*Abraham, Isaac, Jacob, Joseph*	*Hammurabi*
INVASION DES HYKSOS	*Traditions orales*	INVASION DES HITTITES
	sur les Patriarches	D'ASIE MINEURE 1700-1550

— 1500 av. J.-C. —

Époque du Nouvel Empire 1546-1200 av. J.-C.	Lettres d'el-Amarna *(Les Hapiri)*	Domination kassite en Mésopotamie du Sud
Bronze Récent *Aménophis IV* 1370-1353	CONQUÊTE DE CANAAN PAR	1500-1150
Séti Ier 1319-1301	LES HÉBREUX 1235-1200	Domination hurrite en Mésopotamie du Nord
Ramsès II 1301-1234	*Traditions orales sur l'Exode, le*	1500-1370
Ménephtah 1234-1225	*Séjour dans le Désert et la Conquête*	Domination hittite 1370-1250

— 1200 av. J.-C. —

Époque du	Les Juges vers 1200-1050	Prépondérance assyrienne en Mésopotamie du
Fer Ancien	*Cantique de Débora vers 1125*	Nord 1250-1000
	INVASION DES PHILISTINS VERS 1100	*Téglat-Phalasar I vers 1100 av. J.-C.*
	Samuel vers 1050-1020	
	Traditions orales sur les Juges et l'installation de l'Arche à Sichem et Silo	
	Saül vers 1020-1002	
	LE ROYAUME UNI D'ISRAEL	

— 1000 av. J.-C. —

Début de	*David 1002-962*	
la rédaction de	*Salomon 962-922*	Empire assyrien 1000-612
l'Ancien Testament	CONSTRUCTION DU TEMPLE	
Mémoires de cour,	INVASION DE SHISHAQ 922-921 (?)	
archives royales,		
registres des temples,	LES DEUX ROYAUMES 922-722	
mise par écrit		
des traditions orales.	ROYAUME DE JUDA ROYAUME D'ISRAEL	
	Roboam 922-915 *Jéroboam I 922-901*	
	Abiam 915-913 *Nadab 901-900*	

— 900 av. J.-C. —

Premiers Codes de Lois	*Asa 913-873* *Basha 900-877*	
Traditions	*Josaphat 873-849* *Éla 877*	INVASION DE LA SYRIE PAR
orales	*Joram 849-842* *Omri 877-869*	LES ASSYRIENS 890
sur Élie	*Ochosias 842* *Achab 869-850*	BATAILLE DE QARQAR 853
et Élisée	*Athalie 842-836* *Ochosias 850-849*	*Salmanasar III 859-824*
	Joas 836-800 *Joram 849-842*	
	Jéhu 842-815	
	Joachaz 815-801	

— 800 av. J.-C. —

PALESTINE

EST

CANAAN

MÉSOPOTAMIE

ROYAUME DE JUDA	ROYAUME D'ISRAEL
Amasias 800-783	Joas 801-786
Ozias 783-742	Jéroboam II 786-746
Yotam 742-735	Zacharie 746-745
Achaz 735-715	Menahem 745-738
Ézéchias 715-687	Peqahya 738-737
	Peqah 737-732
	Osée 732-724

Amos, Osée
Isaïe : Premiers Oracles

PRISE DE DAMAS 732
Téglat-Phalasar III 745-727
Salmanasar V 727-722
Sargon II 722-705

PRISE DE SAMARIE ET FIN
DU ROYAUME D'ISRAEL 722

Manassé 687-642
Amon 642-640
Josias 640-609
Joiaqim 609-597

Sennachérib 705-681
Asarhaddon 681-669
Assurbanipal 669-630
PRISE DE NINIVE 612

Isaïe : Derniers Oracles
Michée, Deutéronome
Sophonie, Nahum
Habaquq
Jérémie, I-II Rois

Sédécias 597-586
PRISE DE JÉRUSALEM 586
CAPTIVITÉ DE BABYLONE 586-539
Sheshbaççar, Zorobabel
RECONSTRUCTION DU TEMPLE 521-516

BATAILLE DE KARKÉMISH 605
Nabuchodonosor 604-562
Évil-Mérodak 562-560
Nabonide 556-539
Empire babylonien 612-539
PRISE DE BABYLONE 539
Empire perse
Cyrus 539-530
Cambyse 530-522
Darius I 522-486

Ézéchiel
Lamentations
Samuel
Isaïe 40-55
Job, Josué
Aggée
Zacharie 1-8
Isaïe 56-66

RESTAURATION DES MURS DE JÉRUSALEM
PAR NÉHÉMIE 445-443
MISSION D'ESDRAS 427 (?)

Xerxès I 486-465
Artaxerxès I 465-423
Darius II 423-404

Néhémie
Joël
Malachie

ALEXANDRE EN PALESTINE 333

Artaxerxès II 404-358
Artaxerxès III 358-338
Défaite de Darius III 331

Pentateuque, Chroniques
Ruth, Jonas
Esdras, Psaumes

OUEST

GRÈCE

Domination grecque en Palestine 333-165   La Palestine soumise aux Ptolémées 323-198
Alexandre le Grand 336-323
Dynastie ptolémaïque d'Égypte
Ptolémée I 323-283
Ptolémée II 283-246
Ptolémée III 246-221
Ptolémée IV 221-203
Ptolémée V 203-181

Isaïe 24-27
Proverbes
Cantique des Cantiques
Esther
Ecclésiaste

BATAILLE DE PANION 198
La Palestine soumise aux Séleucides 198-167

Dynastie séleucide de Syrie
Antiochus III 223-187
Séleucus IV 187-175
Antiochus IV (Antiochus Épiphane) 175-163
Dynastie asmonéenne 160-63

RÉVOLTE DES MACCABÉES 167
Judas Maccabée 166-160
Jonathan 160-142
Simon 142-134
Jean Hyrcan 134-104
Aristobule 104-103

Daniel
Zacharie 9-14
Fin de l'Ancien Testament

HISTOIRE DU NOUVEAU TESTAMENT

ROME	PALESTINE

— 100 av. J.-C. —

	Alexandre Jannée, 103-76 av. J.-C.
	Alexandra 76-67 av. J.-C.
Domination romaine en Palestine 63 av. J.-C. — 135 ap. J.-C.	*Aristobule II* 67-63 av. J.-C.
ENTRÉE DE POMPÉE A JÉRUSALEM 63 AV. J.-C.	ENTRÉE DE POMPÉE A JÉRUSALEM 63 AV. J.-C.
ASSASSINAT DE JULES CÉSAR 44 AV. J.-C.	*Hyrcan II* 63-40 av. J.-C.
BATAILLE D'ACTIUM 31 AV. J.-C.	PRISE DE JÉRUSALEM PAR LES PARTHES 40 AV. J.-C.
Auguste 29 av. J.-C. — 14 ap. J.-C.	*Hérode le Grand* 37-4 av. J.-C.
	NAISSANCE DE JÉSUS 6 AV. J.-C.
	Archélaüs 4 av. J.-C. — 6 ap. J.-C.

— Ère chrétienne —

Tibère 14-37 ap. J.-C.	
MINISTÈRE DE JÉSUS 27-30 AP. J.-C.	*Hérode Antipas* 4 av. J.-C. — 39 ap. J.-C.
MORT DE JÉSUS 30 AP. J.-C.	Procurateurs romains en Palestine 6-41 ap. J.-C.
MARTYRE D'ÉTIENNE ET	*Philippe* 4 av. J.-C. — 34 ap. J.-C.
CONVERSION DE SAUL 36 AP. J.-C.	*Ponce-Pilate* 26-36 ap. J.-C.
Caligula 37-41 ap. J.-C.	
BARNABÉ ET SAUL A ANTIOCHE	
41-42 ap. J.-C.	
PERSÉCUTION D'HÉRODE AGRIPPA I–44 AP. J.-C.	
PREMIÈRE MISSION DE PAUL, CONCILE	
DE JÉRUSALEM 45-48 AP. J.-C.	

— 50 ap. J.-C. —

Matthieu (araméen)	*Claude* 41-54 ap. J.-C.	RÉVOLTE JUIVE 66-70 AP. J.-C.
I-II *Thessaloniciens*	DEUXIÈME MISSION DE PAUL 49-52 AP. J.-C.	PRISE DE JÉRUSALEM 70 AP. J.-C.
Philippiens		DESTRUCTION DU TEMPLE 70 AP. J.-C.
I *Corinthiens, Galates,* II *Corinthiens*	TROISIÈME MISSION DE PAUL 53-58 AP. J.-C.	
Romains, Jacques	*Néron* 54-68 ap. J.-C.	
Colossiens, Éphésiens, Philémon	EMPRISONNEMENT DE PAUL 58-63 AP. J.-C.	
I *Pierre, Marc*	PERSÉCUTION DE NÉRON 64 AP. J.-C.	
I *Timothée, Tite, Matthieu* (grec), *Luc, Actes*		
Hébreux, II *Timothée*	*Galba, Othon, Vitellius* 68-69 ap. J.-C.	
Jude, II *Pierre*	*Vespasien* 69-79 ap. J.-C.	
	Titus 79-81 ap. J.-C.	
Apocalypse	*Domitien* 81-96 ap. J.-C.	
Jean, I *Jean*	*Nerva* 96-98	

— 100 ap. J.-C. —

	Trajan 98-117
	Hadrien 117-138
Fin du Nouveau Testament	RÉVOLTE DE BAR-KOKÉBA 132-135

— 135 ap. J.-C. —

INDEX

« Loi n° 49-956 du 16 juillet 1949 sur les publications destinées à la jeunesse ».
Dépôt légal : Mars 1986 — Deux Coqs d'Or éditeur, n° 3-8737-1-86 — Imprimé en Italie (5).